GU KOMPASS

Telse Wokersien

Englische Redensarten

- So treffen Sie ins Schwarze
- Wendungen für jeden Anlass

Die Autorin

Telse Wokersien hat Sprachwissenschaft studiert und ist international als Autorin, Übersetzerin und Dozentin für Business Englisch, Englisches Kommunikationstraining und Deutsch als Fremdsprache tätig. Sie hat in Schottland und Kanada gelebt und wohnt zurzeit in den USA. Bei GU sind bisher von ihr die Kompasse „Business Englisch", „Smalltalk auf Englisch" und „Tücher & Schals" erschienen.

→ Check-in

Sie möchten auf Ihre Fragen kurze, prägnante und vor allem verlässliche Antworten erhalten. Dieser GU Kompass bietet Ihnen schnelle Hilfe in allen Situationen, die kein langes Zaudern und Zögern gestatten. Ob unterwegs in der Jackentasche oder immer griffbereit am Arbeitsplatz: Jeder Titel dieser Reihe informiert Sie übersichtlich, aktuell, kompetent und lösungsorientiert.

- Jeder Sachverhalt wird auf einer Doppelseite geklärt. Suchen Sie Ihre Fragestellung, Ihr Stichwort im Inhaltsverzeichnis, und steigen Sie einfach ein.
- Nutzen Sie den Serviceteil mit seinen ergänzenden Dokumenten sowie weiterführenden Hinweisen zu Büchern und Adressen, um bestimmte Aspekte zu vertiefen.
- Da dieses Buch ein Kommunikationstrainer ist, wurden Unterschiede im britischen (BE) und amerikanischen (AE) Englisch nur dort hervorgehoben, wo es verschiedene Vokabeln gibt. Unterschiedliche Schreibweisen, die aber gleich ausgesprochen werden, wurden nicht berücksichtigt.

Übersichtlich gegliedert nach Schlüsselwörtern finden Sie in diesem Kompass auf einen Blick die nützlichsten Redensarten, die Sie für eine gekonnte Konversation auf Englisch brauchen. Die Anwendung der Idiome wird jeweils durch berufsbezogene Beispielsätze veranschaulicht. Ob Sie sich am Telefon oder bei einem Geschäftstermin auf Englisch unterhalten, ob Sie einen Brief oder eine E-Mail schreiben – wo immer Sie kommunizieren: Mit diesem Kompass werden Sie auch ohne große Vorkenntnisse stets die richtigen Worte finden.

Inhalt

Benutzerhinweis

Wenig geläufige Vokabeln *sind mit einem Sternchen (*) gekennzeichnet und können im Serviceteil in alphabetischer Reihenfolge nachgeschlagen werden.*
Etwas „lockerere" Redensarten, *bei deren Verwendung im beruflichen Kontext ein wenig Vorsicht geboten ist, sind mit diesem Symbol ⚠ gekennzeichnet.*

Redensarten – gesucht, gefunden

1. Zum Gebrauch von Redensarten

Was die Muttersprache und eine Fremdsprache voneinander unterscheidet, ist die Art, wie man sie lernt. Es stehen sich unbewusstes und bewusstes Lernen gegenüber. Dass Letzteres mit Aufwand verbunden ist und manchmal sehr mühsam sein kann, weiß fast jeder von uns. Und dies gilt umso mehr, je später man mit dem Lernen anfängt. Nicht umsonst ist folgende Redensart geprägt worden: Was Hänschen nicht lernt, lernt Hans nimmermehr.

Wer eine Sprache lernt, muss Vokabeln, grammatische Strukturen und eben Redewendungen lernen. Redensarten oder so genannte Idiome bilden das „Salz in der Suppe" bei der Beherrschung einer Sprache. Ein Idiom ist eine feststehende Wortgruppe, deren einzelne Bestandteile als Summe mehr an Bedeutung ergeben als die Einzelteile. Kein Teil ist austauschbar, und die Reihenfolge ist festgelegt.

Da Sprache lebendig ist und sich entwickelt, werden Redensarten neu geprägt, andere geraten in Vergessenheit oder es werden welche aus anderen Sprachen übernommen. Schöne Beispiele aus dem englischen Sprachgebrauch sind „Es regnet Katzen und Hunde." oder „in den Schuhen von jemandem stecken".

Oft werden in zwei Sprachen dieselben Bilder mit feinen Unterschieden, wie verschiedene Tiere, verwendet: Im Englischen kauft man zum Beispiel das „Schwein im Sack" ("pig in a poke") und nicht die Katze wie im Deutschen.

Redewendungen haben sich aus dem alltäglichen Leben und Sprachgebrauch entwickelt und beinhalten oft Wörter oder

Begriffe, die es im modernen Alltag nicht mehr gibt oder die dort nicht mehr relevant sind („auf Heller und Pfennig"). Treten im englischen Äquivalent seltene oder ungewöhnliche Wörter auf, so sind sie in diesem Buch mit einem Sternchen (*) gekennzeichnet und können im Serviceteil in alphabetischer Reihenfolge nachgeschlagen werden.

Redensarten sind oft Zitate, die der Bibel entnommen sind oder in neuerer Zeit auch aus Filmen, Zeitschriften oder gar der Werbung stammen und durch die allgemeine Verbreitung durch die Medien schnell in aller Munde sind. Bleiben sie dort über einen längeren Zeitraum und finden überregional Verwendung, gehen sie in den Wortschatz ein.

Idiome sind auf allen Sprachebenen zu finden. Im Business-Kontext sollte jedoch auf allzu derbe und umgangssprachliche Wendungen verzichtet werden. Wobei sich manchmal folgendes Problem ergibt: Ein Idiom kann im Deutschen als neutral betrachtet werden, im Englischen aber als nicht „salonfähig" gelten. Solche Fälle sowie generell etwas „kecke" Redensarten sind im Text mit ⚠ gekennzeichnet. Meist gilt aber: Das eigene Sprachgefühl und eine richtige Einschätzung der Situation verhindern die gröbsten Fauxpas. So darf sich beim entspannten Abendessen nach einem langen Arbeitstag schon mal die eine oder andere etwas „lockerere" Redewendung einschleichen, die bei der Verhandlung am Vormittag vielleicht unangebracht gewesen wäre.

Tipp

Dieser Kompass ist nicht als Buch gedacht, das man unbedingt auswendig lernen oder in dem man gar Vokabeln büffeln muss. Schmökern und blättern Sie einfach darin herum, und lernen Sie auf Reisen, in Flugzeug oder Bahn, ganz beiläufig und nebenbei.

2. Glück und Erfolg

Glück und Erfolg stehen nach Gesundheit meist ganz oben auf dem Wunschzettel. Jedoch sind sie oft flüchtig – gemäß dem Sprichwort: Glück und Glas, wie leicht bricht das.

eine Glücks-/Pechsträhne; a streak of good/bad luck
She's obviously on a lucky streak. Everything she touches turns to gold.
Sie hat offensichtlich eine Glückssträhne. Alles, was sie anfasst, wird zu Gold.

Glück im Unglück haben; to be quite lucky in/under the circumstances*
They were quite lucky under the circumstances that they did not lose their personal property as well.
Sie hatten noch Glück im Unglück, dass sie nicht auch ihr persönliches Eigentum verloren haben.

Viel Glück!
(The) best of luck! Good luck!

auf gut Glück; on the off chance
He had applied on the off chance and got the job after ten minutes.
Er hatte sich auf gut Glück beworben und bekam die Stelle schon nach zehn Minuten.

Man kann niemanden zu seinem Glück zwingen.
You can lead a horse to water but you can't make him drink.

Jeder ist seines Glückes Schmied.
Life is what you make it.

Anfängerglück; beginner's luck
His successes on the stock market don't seem to be beginner's luck.
Seine Erfolge an der Börse scheinen kein Anfängerglück zu sein.

Glückspilz; lucky devil/beggar*
He is a lucky devil – he got the job.
Er ist ein Glückspilz. Er hat den Job bekommen.

Das Glück war ihm hold.
Fortune smiled upon/on him.

von Erfolg gekrönt sein; to be crowned with success
After two years of hard work and endless experiments his research was crowned with success and he found the formula.
Nach zwei Jahren harter Arbeit und endlos vielen Experimenten war seine Forschung von Erfolg gekrönt, und er fand die Formel.

Erfolg versprechend; promising
I believe that our start-up financing was the right thing to do. In my eyes this company has promising prospects.
Ich denke, dass unsere Anschubfinanzierung die richtige Entscheidung war. In meinen Augen hat diese Firma Erfolg versprechende Aussichten.

Andersherum

the luck of the draw*; Glückssache/Zufall sein
The luck of the draw meant the most inexperienced applicant finally got the job.
Es war Glückssache, dass der unerfahrenste Bewerber letztendlich die Stelle bekam.

3. Geschäfts- und Arbeitswelt

Redensarten, die auf Themen aus der Geschäftswelt basieren, sind häufig sehr alten Ursprungs.

sein Geschäft verstehen; to know one's stuff/onions
If you need any advice, ask Linda. She knows her onions.
Frag Linda, falls du Rat brauchst. Sie versteht ihr Geschäft.

ein Geschäft abschließen; to cut a/the deal
We need to cut the deal by the end of the week.
Bis Ende der Woche müssen wir das Geschäft abgeschlossen haben.

das Geschäft unter Dach und Fach haben/bekommen; to have/get the deal all buttoned up
Hopefully we'll get the deal all buttoned up this week.
Hoffentlich bekommen wir das Geschäft diese Woche noch unter Dach und Fach.

ein blühendes Geschäft; a prospering business
After some dull years and financial problems he is now running a prospering and growing business.
Nach einigen flauen Jahren und finanziellen Problemen führt er nun ein blühendes und wachsendes Geschäft.

den normalen Geschäftsweg gehen; to go through the normal channels
Your application will go through the normal channels and within three weeks time we will contact you.
Ihre Bewerbung wird den normalen Geschäftsweg gehen, und innerhalb von drei Wochen werden Sie von uns hören.

ein Bombengeschäft machen; to do a roaring trade
The ice cream shop does a roaring trade in the summer.
Der Eisladen macht im Sommer ein Bombengeschäft.

in ein Unternehmen einsteigen; to join a company
He joined the company when he was very young and learned the job by working his way up from the bottom.
Er stieg in ganz jungen Jahren in das Unternehmen ein und lernte den Beruf von der Pike auf.

Starthilfe geben, zusätzlichen Anstoß geben; to jump-start
This new product will jump-start the company.
Dieses neue Produkt wird dem Unternehmen als Starthilfe dienen.

Probelauf; a dry run
I think we need a dry run before we go into mass production.
Ich denke, wir brauchen einen Probelauf, bevor wir in die Massenproduktion gehen.

stiller Teilhaber; a silent (AE)/sleeping (BE) partner
He's the perfect sleeping partner: He does not take an active part in managing the business and provides the capital.
Er ist der ideale stille Teilhaber: Er spielt keine aktive Rolle in der Untrnehmensführung und stellt das Kapital.

Andersherum

a win-win situation; Situation mit Gewinn für beide Seiten
It was a win-win situation because Peter and Monika both got what they wanted most.
Beide Seiten haben in dieser Situation Gewinn gemacht, denn Peter und Monika haben beide bekommen, was sie wollten.

4. Preise und Profit

Gute Umsätze hängen vom Preis-Leistungs-Verhältnis ab. Glaubt der Kunde, übers Ohr gehauen zu werden (to take someone for a ride), kauft er nicht.

Preistreiberei; forcing up of prices
This forcing up of prices should be punished.
Diese Preistreiberei sollte bestraft werden.

die Preise in die Höhe treiben; to bull the market
The high production costs plus the current exorbitant price for raw materials for this product will bull the market.
Die überhöhten Produktionspreise plus der derzeitige überhöhte Preis für Rohstoffe für dieses Produkt werden die Preise in die Höhe treiben.

die Preise drücken; to cut the prices
Their pricing policy cut the prices of the entire market.
Ihre Preispolitik drückte die Preise auf dem gesamten Markt.

um jeden Preis; at all cost/costs, at any price
This must be avoided at all costs.
Dies muss um jeden Preis verhindert werden.

um keinen Preis (der Welt); not for the world, not for anything in the world, not for love nor money auch nicht
I wouldn't work for this company. Not for anything in the world.
Für diese Firma würde ich um keinen Preis der Welt arbeiten.

Angebot und Nachfrage; supply and demand
Usually supply and demand control the prices.
Normalerweise bestimmen Angebot und Nachfrage die Preise.

etwas herabsetzen/reduzieren; to mark something down
We have to mark down the price of these seasonal articles otherwise they won't sell by Christmas.
Wir müssen den Preis dieser Weihnachtsware herabsetzen, sonst verkauft sie sich nicht bis zum Fest.

von etwas profitieren; to cash in on something
This is supposed to be a very hot summer and the soft drink manufacturers will cash in on it.
Dies soll ein sehr heißer Sommer werden, und die Getränkehersteller werden davon profitieren.

auf dem Markt sein; to be on the market
Before we rent a new office block we should first see what's on the market.
Bevor wir ein neues Bürogebäude mieten, sollten wir erst einmal schauen, was auf dem Markt ist.

bis über die Ohren verschuldet sein; to be head over heels in debt
Gambling can be a very expensive hobby – after one year Joe was head over heels in debt and had to sell his house.
Glücksspiel kann ein sehr teures Hobby sein – nach einem Jahr war Joe bis über beide Ohren verschuldet, sodass er sein Haus verkaufen musste.

Andersherum

to pay through the nose; einen überhöhten Preis bezahlen
We paid through the nose for this item, but we might be able to sell it at an even higher price.
Wir haben für diesen Artikel einen überhöhten Preis bezahlt, aber vielleicht können wir ihn zu einem noch höheren wieder verkaufen.

5. Kaufen und Handeln

Das Kaufen und Handeln gehört mit dem Tauschen zu den alten Tätigkeiten, die früher die Menschen zu weiten Reisen zwangen.

etwas unbesehen kaufen; to buy something sight unseen
I bought this land sight unseen. I didn't know it was such a perfect place for a house.
Ich habe dieses Stück Land unbesehen gekauft. Ich wusste nicht, dass es so ein perfekter Platz für ein Haus ist.

bar auf die Kralle; cash on the barrelhead*/spot ⚠
I paid 3,000 Euro for this Beetle – cash on the barrelhead and drove it home right away.
Ich habe für diesen Käfer 3000 Euro bar auf die Kralle bezahlt und bin sofort mit ihm nach Hause gefahren.

mit etwas handeln; to deal in something
My mother runs a little shop. She deals in antiques.
Meine Mutter hat einen kleinen Laden. Sie handelt mit Antiquitäten.

Wucher, Beutelschneiderei; daylight robbery
It's daylight robbery to charge so much for this hotel room: no air conditioning and the shower is leaking.
Es ist Wucher, für dieses Hotelzimmer so viel Geld zu verlangen: keine Klimaanlage und die Dusche tropft.

in Naturalien zahlen; in kind
Au-pair girls are usually paid in kind. They get board and lodging for free and sometimes a small amount of pocket money.
Aupairmädchen werden gewöhnlich in Naturalien bezahlt. Sie haben freie Kost und Logis, und manchmal erhalten sie noch ein kleines Taschengeld.

noch etwas drauflegen; to throw something into the bargain*
If you purchase this kayak, I'll throw a paddle, pump and spray skirt into the bargain.
Wenn Sie dieses Kajak kaufen, lege ich noch ein Paddel, eine Pumpe und eine Spritzdecke drauf.

Geben und Nehmen; give and take
I'm sure it will require a lot of give and take, but we must reach an agreement.
Ich bin sicher, dass es eine Menge Geben und Nehmen erfordert, aber wir müssen zu einer Einigung kommen.

jemandem entgegenkommen; to meet someone halfway
If you can meet Mr. Crown halfway, I am certain you can reach an agreement.
Ich bin sicher, dass Sie sich einigen können, wenn Sie Herrn Crown entgegenkommen.

zuschlagen (bei einem Angebot); to snap something up
The grocery store had bananas on sale, so I snapped up plenty.
Im Lebensmittelladen waren Bananen im Angebot, also habe ich zugeschlagen.

Andersherum

cash-and-carry; Verkaufssystem mit Barzahlung und Selbstabholung (cash-and-carry)
I bought this file cabinet cash-and-carry but completely forgot to think about a way to get it to the office.
Ich habe diesen Aktenschrank cash-and-carry gekauft und dabei gar nicht daran gedacht, wie ich ihn ins Büro schaffen soll.

6. Geld

Redensarten, die Geld als Grundlage haben, sind in vielen Sprachen mit ähnlichen Bildern zu finden – nur jeweils an die Landeswährung angepasst.

Geld scheffeln; to rake in the money
After two meagre years Martin's investment paid off and he was able to rake in the money.
Nach zwei mageren Jahren zahlte sich Martins Investition aus, und er konnte das Geld scheffeln.

nicht für Geld und gute Worte; not for love or money
He would not give up his bad habits for love or money.
Er würde seine schlechten Gewohnheiten nicht für Geld und gute Worte aufgeben.

etwas zu Geld machen; to turn something into money
Finally, he was able to turn one of his brilliant inventions into money.
Schließlich gelang es ihm, eine seiner brillanten Erfindungen zu Geld zu machen.

im Geld schwimmen, Geld wie Heu haben; to be rolling in money
After three years of successful dealing on the stock market she was rolling in money.
Nach drei erfolgreichen Jahren an der Börse schwimmt sie im Geld.

auf Heller und Pfennig; correct to the last cent (AE)/penny (BE)
After two years he had paid back all his debts correct to the last penny.
Nach zwei Jahren hatte er seine gesamten Schulden auf Heller und Pfennig zurückgezahlt.

keinen Pfennig/Pfifferling wert sein; it's not worth a cent/ penny
The shares of this start-up company are not worth a penny.
Die Aktien dieser neu gegründeten Firma sind keinen Pfifferling wert.

bis auf den letzten Pfennig; down to the last cent/penny
Everything was accounted for. Down to the last cent.
Über alles ist Rechenschaft abgelegt worden. Bis auf den letzten Pfennig.

den Pfennig umdrehen; to watch every penny
After losing her job she had to watch every penny.
Nachdem sie ihren Arbeitsplatz verloren hatte, musste sie jeden Pfennig umdrehen.

Goldgrube; gold mine
Our new product turned out to be a real gold mine.
Unser neues Produkt hat sich zur wahren Goldgrube entwickelt.

die schnelle Mark machen; to make a quick buck* (AE)/pound (BE)
Many people hope to make a quick buck on the stock exchange.
Viele Leute hoffen, an der Börse die schnelle Mark zu machen.

Andersherum

penny wise, pound foolish; im Kleinen sparsam und im Großen verschwenderisch sein
He is a classic case of being penny wise and pound foolish.
Er ist ein klassischer Fall von im Kleinen sparsam sein und im Großen verschwenderisch.

7. Kommunikation

Kommunikation ist nicht nur ein menschliches Bedürfnis, sondern wichtiger Bestandteil der Kultur. So entstehen, beeinflussen und verändern sich Sprachen.

jemanden auf dem Laufenden halten; to keep someone posted
You can go on vacation. I'll keep you posted about any new developments.
Sie können ruhig in Urlaub fahren. Ich werde Sie über jegliche neuen Entwicklungen auf dem Laufenden halten.

mit jemandem Verbindung/Kontakt aufnehmen; to get in touch with someone
We need to get in touch with our office in Hong Kong. They might have insider knowledge that we don't.
Wir müssen mit unserem Büro in Hongkong Verbindung aufnehmen. Vielleicht verfügen sie dort über Insiderwissen, das wir nicht haben.

in Verbindung bleiben; to stay/keep in touch (with someone)
It was a very fruitful meeting. We should keep in touch.
Es war ein sehr erfolgreiches Meeting. Wir sollten in Verbindung bleiben.

kurz gesagt; in short
In short: We are bankrupt.
Kurz gesagt: Wir sind bankrott.

gelinde gesagt; to put it mildly
To put it mildly – our company is currently experiencing financial problems.
Gelinde gesagt, ist unser Unternehmen zurzeit in finanziellen Schwierigkeiten.

im selben Atemzug; in the same breath
She asked the boss for a pay raise and in the same breath mentioned her holiday plans.
Sie fragte den Chef nach einer Lohnerhöhung und erwähnte im selben Atemzug ihre Urlaubspläne.

melden/informieren, dass ...; to break the news
He had to break the news to the workers about the latest dismissals.
Er musste die Arbeiter über die neuesten Entlassungen informieren.

zur Sache kommen; to get down to brass* tacks
According to his motto "Time is money" he always urges his clients to get down to brass tacks.
Gemäß seiner Devise „Zeit ist Geld" drängt er seine Klienten immer, gleich zur Sache zu kommen.

einen Frosch im Hals haben; to get/have a frog in one's throat
At the beginning of his talk he got a frog in his throat.
Am Anfang seines Vortrages hatte er einen Frosch im Hals.

etwas zu Papier bringen; to put something on paper
Let's make a real job of it and put our agreement on paper.
Lassen Sie uns Nägel mit Köpfen machen und unsere Vereinbarung zu Papier bringen.

Andersherum

in words of one syllable*; in (ganz) einfachen Worten
Could you repeat what you just said in words of one syllable, please?
Könnten Sie bitte noch einmal in einfachen Worten wiederholen, was Sie gerade gesagt haben?

8. Buchstaben und Zeichen

Die Schrift ist nicht so alt wie die Sprachen selbst. Viele Redensarten beziehen sich auf das Alphabet, das Voraussetzung für Schrift ist.

Wer A sagt, muss auch B sagen.
If one starts a thing, one must go through with it.
In for a penny, in for a pound. (BE)

von A bis Z; from beginning to end
In order to judge this case properly I need to hear the whole story from beginning to end.
Um diesen Fall richtig einschätzen zu können, muss ich die ganze Geschichte von A bis Z hören.

das A und O; the essential thing/s, the essentials
The essential things of her job are the ability to work under pressure and to meet deadlines and flexibility.
Das A und O ihrer Arbeit sind Belastbarkeit, Terminen gerecht zu werden und Flexibilität.

nach Schema F; according to a set pattern/routine
Don't worry. All the tests are multiple choice tests and you have to answer them according to a set pattern.
Keine Sorge. Das sind alles Multiple-Choice-Tests, die Sie nach Schema F beantworten müssen.

ein Zeichen setzen; to set an example
This conference is meant to set an example for environmental protection.
Diese Konferenz soll für den Umweltschutz ein Zeichen setzen.

jemandem ein X für ein U vormachen; to dupe somebody
After 25 years in this job it's hard to dupe him.
Nach 25 Jahren in diesem Job kann man ihm kein X für ein U vormachen.

etwas aus dem Effeff können/beherrschen; to know something off pat
She's a pro and knows all piano concertos off pat.
Sie ist ein Profi und beherrscht alle Klavierkonzerte aus dem Effeff.

Es geschehen noch Zeichen und Wunder.
Wonders will never cease.

die Zeichen der Zeit erkennen; see which way the wind is blowing
Since we are forced to produce market-oriented products we need to see which way the wind is blowing.
Da wir gezwungen sind, marktorientiert zu produzieren, müssen wir die Zeichen der Zeit erkennen.

wenn nicht alle Zeichen trügen; unless I am very much mistaken
Unless I am very much mistaken, I would say this company will have a very successful year.
Wenn nicht alle Zeichen trügen, würde ich sagen, dass diese Firma ein sehr erfolgreiches Jahr haben wird.

Andersherum

to a T/tee; genau richtig, haargenau
The new job suits Sally to a T.
Der neue Job ist genau richtig für Sally.

9. Sprache

In den hier genannten Redensarten wird meist nur auf das gesprochene Wort Bezug genommen und die Schriftsprache vernachlässigt.

jemandem bleibt die Sprache weg; someone is speechless/at a loss for words
After the boss had finished accusing him of embezzling money he was speechless.
Nachdem ihn der Chef beschuldigt hatte, Geld veruntreut zu haben, blieb ihm die Sprache weg.

die Sprache wiederfinden; to find one's tongue
He found his tongue after those false accusations only when he was at home.
Nach diesen falschen Anschuldigungen fand er die Sprache erst wieder, als er zu Hause war.

es verschlägt jemandem die/den Sprache/Atem; it takes someone's breath away
My first view of the construction site from the air took my breath away.
Mein erster Blick auf die Baustelle von der Luft aus verschlug mir die Sprache.

eine deutliche Sprache mit jemandem sprechen; to speak bluntly* to somebody
He spoke bluntly to the trainee and explained to him what is possible and what is not.
Er sprach mit dem Trainee eine deutliche Sprache und erklärte ihm, was geht und was nicht.

Das kommt mir Spanisch vor.
That strikes me as odd.

die Sprache auf etwas bringen; to bring something up, to raise something

At every meeting Luise brings her favourite subject up: occupational safety and health.

Bei jedem Treffen bringt Luise die Sprache auf ihr Lieblingsthema: Arbeitsschutz und Gesundheit.

mit der Sprache herausrücken; come out

Finally, he came out and admitted to having forgotten to send the contract to the legal department.

Schließlich rückte er mit der Sprache heraus und gab zu, vergessen zu haben, den Vertrag an die Rechtsabteilung zu schicken.

auf etwas/jemanden zu sprechen kommen; to get to talking about something/somebody

It's nice meeting people at conferences. You almost always get to talking about new possible projects.

Es ist schön, Leute auf Konferenzen zu treffen. Man kommt fast immer auf neue mögliche Projekte zu sprechen.

Versprecher; slip of the tongue

The speaker made one or two funny slips of the tongue – the audience was roaring with laughter.

Der Vortragende machte ein oder zwei witzige Versprecher und das Publikum brüllte vor Lachen.

Andersherum

so to speak; sozusagen

The subsidiary has now, so to speak, grown up and will be sold next spring.

Die Tochtergesellschaft ist jetzt sozusagen erwachsen geworden und steht im nächsten Frühjahr zum Verkauf.

10. Wörter

Dass am Anfang das Wort stand oder steht, ist seit alters her bekannt. Wörter sind die Grundbausteine von Redewendungen.

sein Wort geben (auf); to give somebody one's word (on something)
He gave the workers his word that the company was recession-proof.
Er hat den Arbeitern sein Wort gegeben, dass das Unternehmen konjunktursicher sei.

sein Wort brechen; to break one's word
The minister broke his word with his first official act announcing a tax increase.
Der Minister brach sein Wort, indem er als erste Amtshandlung eine Steuererhöhung bekannt gab.

das letzte Wort haben; to have the last word
I think your idea is brilliant. But talk things over with the sales manager – he has the last word.
Ich halte deine Idee für brillant. Aber besprich erst alles mit dem Vertriebsleiter – er hat das letzte Wort.

für jemanden ein gutes Wort einlegen; to put in a good word for someone
John's brother-in-law put in a good word for him and he finally got the job.
Johns Schwager legte für ihn ein gutes Wort ein und schließlich bekam er den Job.

jemanden beim Wort nehmen; to take someone at his word
He was not sure whether to take his boss at his word and go on an extended vacation.

Er war sich nicht sicher, ob er seinen Chef beim Wort nehmen und einen verlängerten Urlaub nehmen sollte.

denk an meine Worte, lass dir das gesagt sein; mark my words
Mark my words, this company will be bankrupt before December. Don't buy any shares.
Denk an meine Worte, diese Firma ist noch vor Dezember pleite. Kauf keine Aktien.

zu seinem Wort stehen; to stand by one's word
He stood by his word and improved health benefits for his employees.
Er stand zu seinem Wort und verbesserte die Krankenkassenleistungen für seine Angestellten.

große/leere Worte; big/empty words
Nobody believes this politician any more: His words are all empty words.
Keiner glaubt diesem Politiker mehr: alles leere Worte.

in anderen Worten; in other words
Let me put it in other words: This was not only a very successful quarter but the most successful quarter ever.
Lassen Sie es mich in andere Worte fassen: Dies war nicht nur ein sehr erfolgreiches Quartal, sondern das erfolgreichste Quartal überhaupt.

Andersherum

to eat one's word; etwas widerrufen, seine Worte/Aussage zurücknehmen
He has had to eat his words about the jobs being recession-proof.
Er musste seine Aussage über die Konjunktursicherheit der Arbeitsplätze zurücknehmen.

11. Namen

Jeder hat einen Namen oder auch mehrere – je nach Geschmack und Kultur. Namen sind sehr wichtig, stellen sie doch ein Stück der eigenen Identität dar.

sich einen Namen machen mit/durch; to win a name for
He is a very successful businessman and has won a name for his fairness and cleverness.
Er ist ein sehr erfolgreicher Geschäftsmann und hat sich einen Namen durch seine Fairness und Cleverness gemacht.

jemandes Namen durch den Schmutz/Dreck ziehen; to drag someone's name through the mud
Since the papers dragged his name through the mud his press officer is having a hard time.
Seitdem die Zeitungen seinen Namen durch den Schmutz gezogen haben, hat sein Pressesprecher es schwer.

ein geläufiger Name; a household name
Today, Harry Potter and Pippi Longstocking are household names.
Heutzutage sind die Namen Harry Potter und Pippi Langstrumpf jedermann geläufig.

seinen Namen hergeben für; to lend one's name to something
He has nothing to do with this campaign. He just lent his name to it.
Er hat mit der Kampagne nichts zu tun. Er hat nur seinen Namen dafür hergegeben.

der wahre Jakob; the real McCoy ⚠
This bottle of Scottish whisky is the real McCoy.
Diese Flasche schottischer Whisky ist der wahre Jakob.

jeder Hans und Franz/Hinz und Kunz; every Tom, Dick and/or Harry ⚠
Nowadays, it seems every Tom, Dick or Harry can earn a fortune on the stock market.
Heutzutage scheint jeder Hans und Franz ein Vermögen an der Börse verdienen zu können.

Hansdampf in allen Gassen; Jack of all trades (and master of none)
Peter can do accounting, programming, and consulting. He's a real Jack of all trades.
Peter kennt sich mit Buchführung, Programmieren und Unternehmensberatung aus. Er ist ein wahrer Hansdampf in allen Gassen.

Otto Normalverbraucher; the man in the street, Uncle Sam (AE), John Bull (BE)
We need to find out how the man in the street reacts to our new product.
Wir müssen herausfinden, wie Otto Normalverbraucher auf unser neues Produkt reagiert.

der ungläubige Thomas; a doubting Thomas
You have to believe in the success of our new product – don't be such a doubting Thomas.
Du musst an den Erfolg unseres neuen Produktes glauben – sei nicht so ein ungläubiger Thomas.

Andersherum

you name it; was immer du willst/Sie wollen
Toys, baby furniture, kids' books – you name it, they produce it.
Spielzeug, Kindermöbel, Kinderbücher – was immer du willst, sie produzieren es.

12. Zahlen

Zahlen sind zwar universell, sie werden aber in Redensarten verschiedener Sprachen oft trotzdem unterschiedlich verwendet.

im Null Komma nichts; before you can say Jack Robinson
She'll have your computer program debugged before you can say Jack Robinson.
Sie hat Ihr Computerprogramm im Null Komma nichts von allen Fehlern befreit.

eins zu null (für jemanden); That's one up to you!
You had the better idea. That's one up to you!
Du hattest die bessere Idee. Eins zu null für dich.

eins, zwei, drei; in no time
She finished the task in no time.
Sie war eins, zwei, drei mit der Aufgabe fertig.

zwei und zwei zusammenzählen; to put two and two together
He put two and two together and came up with this new idea.
Er hat zwei und zwei zusammengezählt und hat sich diese neue Idee einfallen lassen.

jedes Ding hat zwei Seiten; there are two sides to everything
We have to discuss your proposed drastic measures thoroughly because there are two sides to everything.
Wir müssen Ihre vorgeschlagenen drastischen Maßnahmen gründlich diskutieren, da jedes Ding zwei Seiten hat.

für zwei arbeiten; to do the work of two people
During her absence he had to do the work of two people.
Während ihrer Abwesenheit musste er für zwei arbeiten.

so sicher sein wie zwei mal zwei vier ist; as sure as two and two is four
I believe Jill will be sent to the training course. It's as sure as two and two is four – she's the best suited of us.
Ich bin davon überzeugt, dass Jill zur Fortbildung geschickt wird, das ist so sicher wie zwei mal zwei vier ist. Sie ist von uns allen am besten geeignet.

unter vier Augen; in private
Let's talk about your application in private.
Lassen Sie uns über Ihre Bewerbung unter vier Augen sprechen.

nichts Halbes und nichts Ganzes; to be neither one thing nor the other
Peter's proposed solutions to the problem of improving the work atmosphere were neither one thing nor the other.
Peters Lösungsvorschläge zum Problem der Verbesserung der Arbeitsatmosphäre waren nichts Halbes und nichts Ganzes.

Andersherum

a dime* a dozen* (AE)/ two (ten) a penny (BE); massenhaft, wie Sand am Meer
You should get further training – people with qualifications like yours are two a penny.
Sie sollten an zusätzlichen Schulungen teilnehmen. Leute mit Ihren Qualifikationen gibt es wie Sand am Meer.

zero hour, ground zero; Stunde X
We will know whether the new software works at zero hour, when we switch over to it.
Zur Stunde X, wenn wir auf die neue Software umstellen, wissen wir genau, ob sie funktioniert.

13. Gesetz und Gericht

Redewendungen, die diese Begriffe beinhalten oder sich darauf beziehen, sind meist relativ jungen Ursprungs.

jemandem höchstes Gesetz sein; to be somebody's golden rule
Fairness and honesty are his golden rule in business.
Fairness und Ehrlichkeit sind ihm im Geschäftsleben höchstes Gesetz.

auf der rechten Seite des Gesetzes bleiben; to keep on the right side of the law
He has always kept on the right side of the law and has always been rewarded for his honesty.
Er blieb stets auf der rechten Seite des Gesetzes und ist immer für seine Ehrlichkeit belohnt worden.

der lange Arm des Gesetzes; the long arm of the law
The long arm of the law reached the criminals even in their hide-away in South America.
Der lange Arm des Gesetzes erreichte die Verbrecher sogar in ihrem Versteck in Südamerika.

in den Augen des Gesetzes; in the eyes of the law
Something that may be morally wrong may not be wrong in the eyes of the law.
Etwas, das moralisch falsch ist, muss nicht unbedingt in den Augen des Gesetzes falsch sein.

ungeschriebenes Gesetz; an unwritten law
We have an unwritten law that nobody comes before 8 o'clock.

Bei uns herrscht das ungeschriebene Gesetz, dass niemand vor 8:00 Uhr kommt.

Gesetzeslücke; a loophole* in the law
The authorities are trying their best to plug the existing loopholes in the law so everyone is treated equally.
Die Behörden versuchen ihr Bestes, die bestehenden Gesetzeslücken zu stopfen, damit alle gleich behandelt werden.

vor Gericht gehen; to go to court
The workers went to court and won their claim.
Die Arbeiter gingen vor Gericht und gewannen.

mit jemandem hart ins Gericht gehen; to take somebody (severely) to task
After the bad performance the director took the actors severely to task.
Nach der schlechten Vorstellung ging der Intendant mit den Schauspielern hart ins Gericht.

jemandem/etwas gerecht werden; to do someone/something justice
My words of praise cannot do the importance of Mr. Miller's achievement any justice.
Meine Lobesworte können der Bedeutung von Herrn Millers Leistung nicht gerecht werden.

Andersherum

the jury is (still) out; eine Entscheidung steht noch aus
We have to wait until the end of next week – the jury is still out.
Wir müssen noch bis Ende nächster Woche warten, eine Entscheidung steht noch aus.

14. Natur

Redensarten zum Thema Natur gehören mit zu den ältesten, da der Mensch von, mit und in der Natur gelebt hat und lebt.

Schnee von gestern; water under the bridge
Don't worry about what Peter said. It's all water under the bridge.
Mach dir keine Gedanken über das, was Peter gesagt hat. Das ist Schnee von gestern.

lawinenartig zunehmen; to snowball
Opposition to Ted's proposals has snowballed since the last meeting.
Der Widerstand gegen Teds Vorschläge hat seit dem letzten Meeting lawinenartig zugenommen.

ein Tropfen auf den heißen Stein; a drop in the ocean
We need 100,000 Euro to pay back our debts. The 2,000 you have offered are only a drop in the ocean.
Wir brauchen 100 000 Euro, um unsere Schulden zurückzuzahlen. Die 2000, die Sie angeboten haben, sind nur ein Tropfen auf den heißen Stein.

mit etwas hinterm Berg halten; to keep something to oneself, to keep quiet about something
She kept the bad news to herself until she could no longer deny the sad facts.
Sie hielt mit den schlechten Nachrichten hinterm Berg, bis sie die traurigen Fakten nicht länger abstreiten konnte.

über den Berg sein; to be out of the woods (AE)/wood (BE)
The prospects for this year are promising, but there's still a lot of money to repay. We aren't out of the wood yet.

Die Aussichten für dieses Jahr sind viel versprechend, aber es ist trotzdem noch eine Menge Geld zurückzuzahlen. Wir sind noch nicht über den Berg.

Feld-Wald-und-Wiesen-; run-of-the-mill, common-or-garden variety
What do you think of the new accountant? I believe he is a run-of-the-mill bookkeeper.
Was halten Sie von dem neuen Buchhalter? Ich glaube, er ist ein Feld-Wald-und-Wiesen-Buchhalter.

zittern wie Espenlaub; to shake/tremble like a leaf*
He trembled like a leaf with fear.
Er zitterte vor Angst wie Espenlaub.

die Ruhe vor dem Sturm; the calm before the storm
The negotiations are going slowly, but I guess it's the calm before the storm.
Die Verhandlungen gehen nur langsam voran, aber ich denke, das ist die Ruhe vor dem Sturm.

Sturm im Wassserglas; storm in a tea-cup, tempest in a teapot
The boss was furious with his secretary for forgetting to remind him of his mother's birthday. But it was all a storm in a tea-cup.
Der Chef war wütend auf seine Sekretärin, weil sie ihn nicht an den Geburtstag seiner Mutter erinnert hatte. Aber es war alles nur ein Sturm im Wasserglas.

Andersherum

solid as a rock; äußerst zuverlässig
The firm is financially solid as a rock.
Die Firma ist finanziell gesehen äußerst zuverlässig.

15. Wetter

Redewendungen, die das Wetter thematisieren, sind in jeder Sprache zu finden – schließlich gibt es Wetter überall.

sich drehen wie eine Wetterfahne; to change/spin like a weather-vane (AE)/weathercock (BE)
The president has spun like a weathercock trying to please both the opposition and his own party.
Der Präsident drehte sich wie eine Wetterfahne, um sowohl die Opposition als auch seine eigene Partei zufrieden zu stellen.

in Strömen regnen; to rain cats and dogs
It rained cats and dogs so all the exhibitors were forced to move inside the exhibition hall.
Es regnete in Strömen, sodass die Aussteller gezwungen waren, in die Messehalle umzuziehen.

es weht ein schärferer/anderer Wind; things have tightened up a lot here/things are different here
Since his former boss has retired things have tightened up a lot, he complained.
Er beklagte sich, dass ein schärferer Wind weht, seitdem sein voriger Chef sich aus dem Geschäft zurückgezogen hat.

jemandem den Wind aus den Segeln nehmen; to take the wind out of somebody's sail
He took the wind out of the sales manager's sails by presenting the latest figures.
Er nahm dem Vertriebsleiter den Wind aus den Segeln, indem er die aktuellen Zahlen präsentierte.

viel Wind/Aufhebens um etwas machen; to make a great fuss about something ⚠

At first the secretary made a great fuss about her new computer but now she doesn't seem to use it.
Die Sekretärin machte zunächst viel Wind um ihren neuen Computer, aber jetzt scheint sie ihn gar nicht zu benutzen.

etwas in den Wind schlagen; to turn a deaf* ear/pay no heed* to something
The junior partner turned a deaf ear to the well-meant advice of his colleagues.
Der Juniorpartner schlug den wohlgemeinten Rat der Kollegen in den Wind.

Wind von etwas bekommen; to get wind of something
The press got wind of the banks' plans to merge.
Die Presse bekam Wind von den Fusionsplänen der Banken.

das Barometer steht auf Sturm; there's a storm brewing*
The atmosphere is tense and there's a storm brewing because of the scandal.
Die Stimmung ist gespannt, und das Barometer steht auf Sturm wegen des Skandals.

etwas im Sturm erobern; to take something by storm
The new apprentice took the entire department by storm.
Die neue Auszubildende eroberte die gesamte Abteilung im Sturm.

Andersherum

under the weather; nicht auf dem Posten/Damm sein, sich schlecht/krank fühlen
He left the office earlier today because he was feeling under the weather.
Er ist heute früher nach Hause gegangen, da er sich schlecht fühlte.

16. Feuer und Eis

Es ist kein Wunder, dass ein so wichtiges Element wie das Feuer – ebenso wie dessen Gegensatz, das Eis, – als Grundlage für viele sprachliche Bilder dient.

Feuertaufe; baptism of fire
Mr. Jones was Linda's first customer but she came through her baptism of fire unscathed.
Herr Jones war Lindas erster Kunde, aber sie überstand ihre Feuertaufe unbeschadet.

Feuer fangen; to catch fire
He really caught fire after his first substantial gains.
Nach den ersten wesentlichen Gewinnen fing er Feuer.

Feuer und Flamme sein für etwas; to be full of enthusiasm for something
He immediately was full of enthusiasm when she told him about the new project.
Er war sofort Feuer und Flamme, als sie ihm von dem neuen Projekt erzählte.

ein Gegensatz wie Feuer und Wasser sein; to be as different as chalk* and cheese
My colleague and I are like chalk and cheese, but workwise we complement each other.
Mein Kollege und ich sind ein Gegensatz wie Feuer und Wasser, aber bei der Arbeit ergänzen wir uns gut.

für jemanden durchs Feuer gehen; to go through hell and high water for somebody
He would go through hell and high water for his employees.
Er würde für seine Angestellten durchs Feuer gehen.

zwischen zwei Feuer geraten; to be caught between the devil and the deep blue sea
If you are caught between the devil and the deep blue sea there's only a small scope for action.
Wenn man zwischen zwei Feuer geraten ist, wird der Handlungsspielraum klein.

sich wie ein Lauffeuer ausbreiten; to spread like wild fire
The news of the bankruptcy spread like wild fire.
Die Nachricht des Bankrotts breitete sich wie ein Lauffeuer aus.

die Kastanien aus dem Feuer holen; to pull the chestnuts out of the fire
At the press conference she pulled the chestnuts out of the fire.
Auf der Pressekonferenz holte sie die Kastanien aus dem Feuer.

sich auf dünnem Eis bewegen; to skate on thin ice
Although he knew he was skating on thin ice he didn't let it show and convinced the panel of his innocence.
Obwohl er wusste, dass er sich auf dünnem Eis bewegte, ließ er sich nichts anmerken und konnte die Jury von seiner Unschuld überzeugen.

Spitze des Eisberges; the tip of the iceberg
These official numbers are only the tip of the iceberg.
Diese offiziellen Zahlen sind nur die Spitze des Eisberges.

Andersherum

to hang fire; zögern, sich verzögern
Our plans to buy a new plant are hanging fire.
Unsere Pläne, eine neue Fabrik zu kaufen, verzögern sich.

17. Licht und Schatten

Diese beiden Begriffe gehören zusammen wie Pech und Schwefel, wobei der Schatten oft in negativ konnotierten Metaphern zu finden ist.

Licht am Ende des Tunnels; light at the end of the tunnel
After two weeks of hard work he saw light at the end of the tunnel.
Nach zwei Wochen harter Arbeit sah er Licht am Ende des Tunnels.

bei Lichte betrachtet; seen in the light of day
Seen in the light of day, your situation is not so bad after all.
Bei Lichte betrachtet ist Ihre Situation gar nicht so schlecht.

in etwas Licht bringen; to shed some light on something
The police investigation shed some light on the events.
Die Polizeiuntersuchungen brachten Licht in den Tathergang.

sein Licht (nicht) unter den Scheffel stellen; (not) to hide one's light under a bushel
Your presentation was great! Don't hide your light under a bushel.
Ihre Präsentation war toll. Stellen Sie Ihr Licht nicht unter den Scheffel.

etwas ins rechte Licht rücken; to show something in the correct light
After the false accusations he took advantage of the press conference to show his role in the correct light.
Nach den falschen Anschuldigungen nutzte er die Pressekonferenz, um seine Rolle ins rechte Licht zu rücken.

jemanden in den Schatten stellen; to put someone in the shade
Laura put all of us in the shade with her brilliant presentation yesterday.
Laura hat uns gestern mit ihrer hervorragenden Präsentation alle in den Schatten gestellt.

in jemandes Schatten stehen; to be in somebody's shadow
He is still in his father's shadow, although he is an accomplished musician himself.
Er steht immer noch im Schatten seines Vaters, obwohl er selbst auch ein erfahrener Musiker ist.

Er/sie kann nicht über seinen/ihren eigenen Schatten springen.
A leopard cannot change its spots.

etwas wirft schon seine Schatten voraus, etwas macht sich bereits bemerkbar; something is already making itself felt
The big event is already making itself felt.
Das große Ereignis wirft schon seinen Schatten voraus.

jemanden im Dunkeln lassen (bezüglich); to keep/leave someone in the dark (about)
They kept him in the dark about his application for three weeks.
Sie ließen in bezüglich seiner Bewerbung drei Wochen lang im Dunkeln.

Andersherum

to wear oneself to a shadow; sich total verausgaben
He really needs a rest after all this overtime. He has worn himself to a shadow.
Er braucht wirklich eine Pause nach den vielen Überstunden. Er hat sich total verausgabt.

18. Elemente und Materialien

Materialien werden dazu verwendet, Alltagsgegenstände herzustellen – und diese bieten ein gutes Rohmaterial für Redensarten.

auf glühenden Kohlen sitzen; to be on tenterhooks*
After the job interview he was on tenterhooks for the next two weeks.
Nach dem Vorstellungsgespräch saß er die nächsten zwei Wochen wie auf glühenden Kohlen.

Wachs in den Händen von jemandem sein; to be putty* in someone's hands
Since she threatened him with termination of the contract he is putty in her hands.
Seit sie ihm mit der Vertragskündigung gedroht hat, ist er Wachs in ihren Händen.

auf dem Holzweg sein; to bark* up the wrong tree
He is barking up the wrong tree if he believes we would order at this exaggerated price.
Er ist auf dem Holzweg, wenn er denkt, dass wir zu diesem überhöhten Preis bestellen würden.

Klopf auf Holz!
Knock on wood! Touch wood!

sich in Luft auflösen; to disappear like water in sand
Where is the fax from LA Company? I can't find it. It has disappeared like water in sand.
Wo ist das Fax von LA Company? Ich kann es nicht finden. Es scheint sich in Luft aufgelöst zu haben.

heiße Luft; hot air
Please don't take any notice of the boss's threats. They are nothing but hot air.
Bitte übersieh die Drohungen des Chefs. Sie sind nichts anderes als heiße Luft.

frischer Wind; a breath of fresh air
What this company needs is a breath of fresh air to remain competitive.
Was dieses Unternehmen braucht, um wettbewerbsfähig zu bleiben, ist frischer Wind.

Öl ins Feuer gießen; to add fuel to the flame(s)/fire
He added fuel to the flames when he announced that there would not only be no pay raise but they had to work overtime for the time being.
Er goss Öl ins Feuer, als er verkündete, dass es nicht nur keine Gehaltserhöhung geben werde, sondern sie für die kommende Zeit Überstunden leisten müssten.

mehrere Eisen im Feuer haben; to have several irons in the fire
John is known to have several irons in the fire: high-risk shares, hot issues and conservative investments.
John ist bekannt dafür, mehrere Eisen im Feuer zu haben: risikoreiche Aktien, attraktive Wertpapier-Ausgaben und konservative Geldanlagen.

Andersherum

to burn the midnight oil; die ganze Nacht arbeiten
He burnt the midnight oil in order to meet the deadline.
Er arbeitete bis spät in die Nacht, um den Termin einzuhalten.

19. Tiere

Viele Redewendungen, in denen Tiere als Bilder verwendet werden, sind von literarischen Vorlagen, wie z.B. Fabeln, abgeleitet.

den Stier bei den Hörnern packen; to take the bull by the horns
Martin decided to take the bull by the horns and ask his boss for a raise.
Martin packte den Stier bei den Hörnern und fragte seinen Chef nach einer Gehaltserhöhung.

wie ein Pferd arbeiten; to work like a dog ⚠
He worked like a dog to meet the deadline.
Er hat wie ein Pferd gearbeitet, um den Termin einzuhalten.

stur wie ein Esel; as stubborn as a mule*
We tried to bargain but he was as stubborn as a mule.
Wir haben versucht zu handeln, aber er war stur wie ein Esel.

Versuchskaninchen; a guinea-pig
Medical students are to act as guinea-pigs for our new drug.
Medizinstudenten sollen als Versuchskaninchen für unser neues Medikament dienen.

die Katze im Sack kaufen; to buy a pig in a poke*
I would like to view the merchandise. I don't buy a pig in a poke.
Ich möchte die Ware vorher gerne sehen. Ich kaufe nicht die Katze im Sack.

die Katze aus dem Sack lassen; to let the cat out of the bag
You let the cat out of the bag when you said you were fired.

Du hast die Katze aus dem Sack gelassen, als du sagtest, du seiest gefeuert.

Wolf im Schafspelz; a wolf in sheep's clothing/skin
Does he really want to sign the contract or is he just a wolf in sheep's clothing?
Ist er wirklich gewillt, den Vertrag zu unterzeichnen, oder ist er nur ein Wolf im Schafspelz?

aus einer Mücke einen Elefanten machen; to make a mountain out of a molehill*
The boss made a mountain out of a molehill and fired Barbara because of the affair.
Der Chef machte aus einer Mücke einen Elefanten und feuerte Barbara wegen der Angelegenheit.

wie ein Elefant im Porzellanladen; like a bull in a china shop
Stefan acted like a bull in a china shop when he asked Katherine about her last project.
Stefan hat sich wie ein Elefant im Porzellanladen benommen, als er Katherine nach ihrem letzten Projekt fragte.

Schwein haben; to have a stroke* of luck
You really had a stroke of luck when you met Alfred.
Du hattest wirklich Schwein, dass du Alfred getroffen hast.

Andersherum

straight from the horse's mouth; aus erster Hand
He got the important information straight from the horse's mouth.
Er hat die wichtigen Informationen aus erster Hand.

There are no flies on him/her.
Ihm/Ihr kann man nichts vormachen.

20. Pflanzen

Die metaphorische Verwendung von Pflanzen ist oft regional bedingt: Häufig gibt es die Pflanzen nur in bestimmten Gebieten.

zwischen Baum und Borke stecken, in der Zwickmühle sein; to be stuck between a rock and a hard place
The new boss is stuck between a rock and a hard place since he has to hire new associates to be competitive, but also has to save money.
Der neue Chef ist in der Zwickmühle, da er, um wettbewerbsfähig zu bleiben, Neueinstellungen vornehmen muss, aber andererseits auch sparen muss.

den Wald vor lauter Bäumen nicht sehen können; can't see the forest (AE)/wood (BE) for the trees
They were so involved in the details of the problem they did not see the wood for the trees.
Sie waren so in die Details des Problems vertieft, dass sie den Wald vor lauter Bäumen nicht sahen.

auf Rosen gebettet sein; a bed of roses
My present job is a bed of roses compared with the previous one: flextime and additional benefits.
Mit meinem derzeitigen Job bin ich auf Rosen gebettet, verglichen mit dem vorherigen: Gleitzeit und zusätzliche Zuwendungen.

keine Rose ohne Dornen; no rose without a thorn
Joe really is a brilliant head but he cannot meet any deadline. No rose without a thorn, I'm afraid.
Joe ist wirklich ein brillanter Kopf, aber er ist unfähig, einen Termin einzuhalten. Ich fürchte, es gibt keine Rose ohne Dornen.

sich in die Nesseln setzen; to get (oneself) into hot water
He got himself into hot water with his remark – although it was meant ironically nobody laughed.
Mit seiner Bemerkung hat er sich in die Nesseln gesetzt – obwohl sie ironisch gemeint war, hat keiner gelacht.

die Nadel im Heuhaufen; the needle in a haystack
Finding an expert at a reasonable price is like finding a needle in a haystack.
Einen Fachmann zu einem günstigen Preis zu finden, ist wie nach der Nadel im Heuhaufen zu suchen.

sich an einen/jeden Strohhalm klammern; to catch/grasp at straws
The bankrupt company grasped at straws to pay back their debts.
Das bankrotte Unternehmen klammerte sich an jeden Strohhalm, um seine Schulden zurückzuzahlen.

Andersherum

to hear it through/on the grapevine*; Flüsterpropaganda
I heard it through the grapevine that the boss and Linda are getting married at the end of April.
Durch Flüsterpropaganda habe ich gehört, dass der Chef und Linda Ende April heiraten wollen.

to grasp/seize the nettle*; ein Problem beherzt anpacken
Harry grasped the nettle and asked the manager for a raise.
Harry ging das Problem beherzt an und fragte den Manager nach einer Gehaltserhöhung.

21. Speisen und Gewürze

Die Verwendung von Speisen oder Gewürzen in Redewendungen ist oft genauso landestypisch wie die der Pflanzen.

olle Kamelle; an old chestnut*
Pamela usually opens her presentations with an old chestnut which makes nobody really laugh but relieves the tension.
Pamela eröffnet ihre Präsentationen gewöhnlich mit einer ollen Kamelle, über die zwar niemand lacht, aber die die Spannung nimmt.

absahnen, wegschnappen; to cream off, to skim the cream
Large international companies are still creaming off the most brilliant young professionals despite good offers from smaller companies.
Trotz guter Angebote kleinerer Firmen schnappen internationale Großkonzerne immer noch die besten Berufsanfänger weg.

Alles in Butter?
Is everything fine/going smoothly?

ein Stück vom Kuchen; a slice of the cake
After such a successful year every associate will want a slice of the cake.
Nach solch einem erfolgreichen Geschäftsjahr wird jeder Partner ein Stück vom Kuchen haben wollen.

wie heiße Semmeln weggehen/sich verkaufen; to go like hot cakes
Despite the negative press reviews the new product went like hot cakes.

Trotz der negativen Pressestimmen hat sich das neue Produkt wie heiße Semmeln verkauft.

Salz in die Wunde streuen; to rub salt into a wound
Sally had no intention of rubbing salt into her colleague's wound when she said that it was all Barbara's own fault.
Sally hatte nicht vor, Salz in die Wunde ihrer Kollegin zu streuen, als sie Barbara sagte, dass alles ihre eigene Schuld sei.

fauler Apfel; a rotten apple
There's a rotten apple in every team.
In jedem Team gibt es einen faulen Apfel.

etwas fallen lassen wie eine heiße Kartoffel; to drop something like a hot potato
He dropped the new advertising campaign like a hot potato.
Er ließ die neue Werbekampagne fallen wie eine heiße Kartoffel.

wie Pilze aus dem Boden schießen; to mushroom
Internet cafés have mushroomed in the last years.
In den letzten Jahren sind Internetcafés wie Pilze aus dem Boden geschossen.

Andersherum

a bowl of cherries; eine sehr angenehme Situation oder Erfahrung
His last job interview was not a bowl of cherries.
He was too nervous and could not answer one single question.
Sein letztes Vorstellungsgespräch war eine Katastrophe. Er war zu nervös und konnte keine einzige Frage beantworten.

22. Garten

Gemäß der Bibel wohnten die ersten Menschen im Garten Eden. Auch heute noch hat der Garten einen hohen Stellenwert – auch in der Sprache.

quer durch den Garten; all sorts
We invited all sorts of applicants for the position of assistant to the management.
Für die Position des Assistenten der Geschäftsführung haben wir Bewerber einmal quer durch den Garten eingeladen.

wie Kraut und Rüben; higgledy-piggledy
After the search files and books were strewn higgledy-piggledy over the floor.
Nach der Durchsuchung lagen Akten und Bücher wie Kraut und Rüben auf dem Fußboden.

durch die Blume; in a roundabout way
She criticized him in a roundabout way.
Sie kritisierte ihn durch die Blume.

(bei jemandem) auf den Busch klopfen; to sound (somebody) things out
She only wanted to sound things out and peppered her interview partner with questions.
Sie wollte nur einmal auf den Busch klopfen und löcherte ihren Interviewpartner mit Fragen.

es ist etwas im Busch; something's up
There seems to be something up in the branch office in Munich.
In der Zweigstelle in München scheint etwas im Busch zu sein.

einen Streit vom Zaun brechen; to suddenly start a quarrel
The customer suddenly started a quarrel and accused the customer service representative of being incompetent and unfriendly.
Der Kunde brach plötzlich einen Streit vom Zaun und warf der Kundendienstberaterin Inkompetenz und Unfreundlichkeit vor.

ein Wink mit dem Zaunpfahl; a strong hint*
His remark was a strong hint but Alison didn't seem to notice.
Seine Bemerkung war ein Wink mit dem Zaunpfahl, aber Alison hat anscheinend nichts gemerkt.

dünn gesät sein; to be thin on the ground
Specialists in her field of expertise are thin on the ground – so we better hire her right away.
Spezialisten in ihrem Fachgebiet sind dünn gesät – wir sollten sie lieber sofort anstellen.

Früchte tragen; to bear fruit
She has put a lot of effort into this project over the years and now, at last, it bears fruit.
Über die Jahre hat sie viel Mühe in dieses Projekt gesteckt, und nun endlich trägt es Früchte.

Andersherum

to lead someone down (AE)/up (BE) the garden path; jemanden täuschen/in die Irre führen
He led the press and the entire public up the garden path.
Er führte die Presse und die gesamte Öffentlichkeit in die Irre.

23. Körper und Gliedmaßen

Redensarten, die sich auf den Körper beziehen, sind in vielen Sprachen gleich, da Tätigkeiten universell mit denselben Körperteilen ausgeführt werden.

einen Fuß in der/die Tür haben/bekommen; to have/get a foot in the door
It seems we have a foot in the door, we are hoping to open up a big market in Asia.
Wir haben anscheinend einen Fuß in der Tür und hoffen, uns einen großen Markt in Asien zu erschließen.

in jemandes Fußstapfen treten; to follow in somebody's footsteps
He works in marketing, following in his mother's footsteps.
Er tritt in die Fußstapfen seiner Mutter und arbeitet im Marketing.

auf schwachen Füßen stehen; to be unsoundly based
Don't you think his arguments were unsoundly based?
Denken Sie nicht, dass seine Argumente auf schwachen Füßen standen?

kalte Füße bekommen/kriegen; to get cold feet
The bank is getting cold feet about advancing the money.
Die Bank bekommt kalte Füße wegen des Vorschusses.

mit dem falschen Bein aufstehen; to get out of bed on the wrong side
The manager is in a bad mood today; he must have gotten out of bed on the wrong side.

Der Geschäftsführer hat heute schlechte Laune – er ist wohl mit dem falschen Bein aufgestanden.

alle Hände voll zu tun haben; to have one's hands full
We usually have our hands full around Christmas time.
Zur Weihnachtszeit haben wir normalerweise alle Hände voll zu tun.

sich die Finger verbrennen; to burn one's fingers
Frank burnt his fingers in the stock market last year, and doesn't want to try again.
Frank hat sich letztes Jahr an der Börse die Finger verbrannt und will es nicht wieder probieren.

seinen Atem verschwenden; to waste words/breath on someone
I tried to explain what was wrong with the fax machine, but I wasted my words on the customer service representative.
Ich habe meinen Atem an den Kundendienstberater verschwendet, als ich ihm erklären wollte, was mit dem Faxgerät nicht stimmte.

halbherzig; milk and water
These milk and water policies won't help anybody. What we need are drastic measurements.
Diese halbherzige Vorgehensweise hilft niemandem. Was wir brauchen, sind drastische Maßnahmen.

Andersherum

to have a heart to heart talk; offen und ehrlich miteinander sprechen
They had a heart to heart talk about their problems.
Sie haben offen und ehrlich miteinander über ihre Probleme gesprochen.

24. Kopf und Haare

Redewendungen, in denen Kopf oder Haare vorkommen, werden gern benutzt, um eine plastische Ausdrucksweise zu kreieren.

viel/genug um die Ohren haben; to have enough on one's plate*
We have enough on our plate and should not try to work on this new project as well.
Wir haben genug um die Ohren und sollten nicht auch noch versuchen, bei diesem neuen Projekt mitzuarbeiten.

zu den Ohren herauskommen; to come out of the ears
He has so much money, it's coming out of his ears.
Er hat so viel Geld, dass es ihm zu den Ohren herauskommt.

das Herz auf der Zunge tragen; to wear one's heart on one's sleeve*
She should not wear her heart on her sleeve and talk about her private life in the office.
Sie sollte ihr Herz nicht auf der Zunge tragen und im Büro über ihr Privatleben sprechen.

die Nase in etwas/alles stecken; to stick one's nose into something/everything
He is always sticking his nose into everything. He is so curious.
Er steckt seine Nase immer in alles. Er ist so neugierig.

unter den Augen; under one's nose
The sabotage happened right under the boss's nose.
Die Sabotage fand direkt unter den Augen des Chefs statt.

Kopf hoch!
Chin* up!

eine Nervensäge sein; to be a pain in the neck ⚠
She really is a pain in the neck – she simply talks too much.
Sie ist eine richtige Nervensäge. Sie redet einfach zu viel.

jemanden/etwas auf dem Hals haben; to be saddled* with someone/something
Now that Sara is on vacation he is saddled with all her work.
Jetzt wo Sara im Urlaub ist, hat er ihre ganze Arbeit auf dem Hals.

mit den Zähnen knirschen; to grind one's teeth
He ground his teeth when he heard his associate was going to work for the rival business.
Zähneknirschend nahm er die Nachricht auf, sein Teilhaber werde für das Konkurrenzunternehmen arbeiten.

die Zähne zusammenbeißen; to grit one's teeth
There are going to be problems, but we have to grit our teeth and get on with the plan.
Es wird Probleme geben, aber wir müssen die Zähne zusammenbeißen und den Plan weiterführen.

Haare spalten; to split hairs
He always splits hairs with his overly fine distinctions.
Er spaltet immer Haare mit seinen überfeinen Unterscheidungen.

Andersherum

to do something standing on one's head; etwas mit links machen/tun können
This is child's play to him, he could do that standing on his head.
Das ist ein Kinderspiel für ihn, das macht er mit links.

25. Familie

Viele hier aufgeführte Redensarten haben das Kind zum Thema, da es der Garant und die Voraussetzung für Kontinuität ist.

das Kind mit dem Bade ausschütten; to throw the baby out (AE)/to throw out the baby (BE) with the bathwater
I think he threw out the baby with the bathwater when he sold all his shares because of one bad investment.
Ich denke, dass er das Kind mit dem Bade ausgeschüttet hat, als er alle seine Aktien nur wegen einer schlechten Kapitalanlage verkauft hat.

das Kind beim Namen nennen; to call a spade a spade*
A colleague took some money from Sally's desk and Sally accused her of stealing it – she's quite blunt and believes in calling a spade a spade.
Eine Kollegin hat Geld von Sallys Tisch genommen, und Sally bezichtigte sie des Diebstahls. Sie ist geradeheraus und nennt das Kind stets beim Namen.

wir werden das Kind schon schaukeln; we'll soon sort things out/have things sorted out
Don't worry so much. Now that we've got Tim in our team we'll soon sort things out.
Mach dir nicht so viele Sorgen. Jetzt, da Tim in unserem Team ist, werden wir das Kind schon schaukeln.

sich bei jemandem lieb Kind machen; to get on the right side of somebody
I think the new apprentice is trying to get on the right side of his supervisor.
Ich glaube, dass der neue Auszubildende versucht, sich bei seiner Vorgesetzten lieb Kind zu machen.

ein Kinderspiel sein; to be child's play
Working with this new translation software is very easy to do. The translation of this book is now child's play.
Es ist ganz einfach, mit der neuen Übersetzungssoftware zu arbeiten. Jetzt ist die Übersetzung dieses Buches ein Kinderspiel.

noch in den Kinderschuhen stecken; to be still in its infancy*/ early stages, to be still in diapers* ⚠
The development of our new over the counter pain reliever is still in its infancy.
Die Entwicklung unseres neuen rezeptfreien Schmerzmittels steckt noch in den Kinderschuhen.

der Vater von etwas sein; to be the father of
He is considered to be the father of modern marketing strategies.
Er gilt als der Vater moderner Marketing-Strategien.

das kannst du deiner Großmutter erzählen; tell that to the marines* ⚠
You can tell that to the marines that the boss is not having an affair with one of the telephone operators.
Das kannst du deiner Großmutter erzählen, dass der Chef kein Verhältnis mit einer der Telefonistinnen hat.

Andersherum

to leave somebody holding/carrying the baby; jemanden etwas ausbaden lassen, der Dumme sein
The secretary suddenly quit the company and her colleagues were left holding the baby.
Die Sekretärin verließ plötzlich das Unternehmen, und ihre Kolleginnen mussten es ausbaden.

26. Kleidung

Kleidungsstücke werden oft verwendet, um die Sprache plastischer zu gestalten, denn was liegt näher als das eigene Hemd?

den Gürtel enger schnallen; to tighten the belt
We all have to tighten our belts to get over the recession.
Wir alle müssen den Gürtel enger schnallen, um die Rezession zu überstehen.

ein alter Hut sein; that's old hat
Everything he told us was old hat. I've heard it all before.
Alles, was er uns erzählt hat, war ein alter Hut. Das habe ich alles schon gehört.

aus öffentlicher Tasche/Staatskasse; from the public purse
A lot of money from the public purse is spent on programs with nothing to show for it.
Viel Geld aus öffentlicher Tasche wird für Programme ausgegeben, von denen man nichts sieht.

jemandem etwas in die Schuhe schieben; to pin the blame for something on somebody
The entire department pinned the blame for the computer failure on the new colleague.
Die gesamte Abteilung schob dem neuen Kollegen die Schuld für den Computerausfall in die Schuhe.

alles bis aufs letzte Hemd verlieren; to lose almost everything
Frederick lost almost everything because he had invested all his money in high risk shares.
Frederick hat alles bis aufs letzte Hemd verloren, da er sein gesamtes Geld in Hochrisiko-Aktien angelegt hat.

die Ärmel hochkrempeln; to roll up one's sleeves
After having lost his job he rolled up his sleeves and started a business on his own.
Nachdem er arbeitslos geworden war, krempelte er die Ärmel hoch und gründete selbst ein Unternehmen.

etwas aus dem Ärmel schütteln; to produce something just like that
He always produces the most brilliant ideas just like that.
Er schüttelt immer die besten Ideen aus dem Ärmel.

Wo drückt der Schuh?
What's on your mind?

Manschetten haben; to get the willies* ⚠
Every time she has to make a speech in front of a large group she gets the willies.
Jedes Mal, wenn sie eine Rede vor einem größeren Publikum halten soll, hat sie Manschetten.

Andersherum

another pair of shoes; eine andere Sache/Angelegenheit
What you are talking about now is another pair of shoes.
Worüber Sie jetzt sprechen, ist eine andere Angelegenheit.

to be hand in glove* with; unter einer Decke stecken
The two of them have been working hand in glove for the last decade.
Die beiden steckten seit zehn Jahren unter einer Decke.

27. Musik

Musik gilt als universelles Verständigungsmittel – vielleicht gibt es deshalb so viele Redensarten, die dieses Thema benutzen.

den richtigen Ton treffen/anschlagen; to strike the right note
The speech of the new press officer struck the right note.
In ihrer Ansprache hat die neue Pressesprecherin genau den richtigen Ton getroffen.

den Ton angeben; to set the tone
Who actually sets the tone in the business?
Wer gibt in dem Unternehmen eigentlich den Ton an?

jemanden/etwas in den höchsten Tönen/in den Himmel loben; to praise somebody/something to the skies
The press praised his new play to the skies.
Sein neues Theaterstück wurde von der Presse in den höchsten Tönen gelobt.

große Töne spucken; to talk big
He always talks big to intimidate his competitors.
Er spuckt immer große Töne, um seine Konkurrenten einzuschüchtern.

die zweite Geige spielen; to play second fiddle
He plays second fiddle to his brother in the company.
Er spielt neben seinem Bruder im Unternehmen die zweite Geige.

jemandem die Meinung geigen; to give somebody a piece of one's mind
The delegate gave the opposition a piece of his mind regarding its behaviour during the election.

Der Abgeordnete geigte der Opposition die Meinung bezüglich ihres Verhaltens während des Wahlkampfes.

mit Pauken und Trompeten empfangen; to give somebody the red carpet treatment
After his success the advertising manager was given the red carpet treatment.
Nach seinem Erfolg wurde der Leiter der Werbeabteilung mit Pauken und Trompeten empfangen.

die Trommel rühren für jemanden/etwas; to beat/bang the drum for someone/something
Marta promised to beat the drum for the new campaign.
Marta versprach, die Trommel für die neue Kampagne zu rühren.

mit jemandem/etwas im Einklang sein; to be in tune with someone/something
Your ideas are perfectly in tune with mine.
Ihre Ideen sind mit meinen im Einklang.

Musik in jemandes Ohren; music to someone's ears
The department manager's praise was music to my ears.
Das Lob des Abteilungsleiters war Musik in meinen Ohren.

Andersherum

to go for a song; zum Spottpreis, für einen Apfel und ein Ei
The company was sold for a song because the owners had to raise money quickly.
Das Unternehmen wurde zu einem Spottpreis verkauft, da die Besitzer schnell Geld beschaffen mussten.

28. Sport und Spiel

Auf diesem Thema basiert eine der ältesten und weit verbreitetsten Redensarten überhaupt – das lateinische „die Würfel sind gefallen".

der Name des Spiels; the name of the game
The name of the game is "sell". You must sell, sell, sell, if you want to remain competitive.
Der Name des Spiels ist „verkaufen". Man muss verkaufen, verkaufen, verkaufen, um wettbewerbsfähig zu bleiben.

ein Spiel mit dem Feuer; playing with fire
He repeatedly warned the industry that mass layoffs would be playing with fire.
Er warnte die Industrie wiederholt, dass Massenentlassungen ein Spiel mit dem Feuer seien.

leichtes Spiel haben; to have an easy job (with somebody)
He had an easy job convincing them of his plan.
Er hatte leichtes Spiel, sie von seinem Plan zu überzeugen.

Spiele mit jemandem spielen; to play games with someone
He is a very honest businessman and never plays games with anyone. You can trust him.
Er ist ein sehr ehrlicher Geschäftsmann und spielt mit niemandem Spiele. Sie können ihm vertrauen.

auf dem Spiel stehen; to be at stake*
The reputation of the entire company is at stake – we must remove the suspicion of unfair competition.
Der Ruf des gesamten Unternehmens steht auf dem Spiel – wir müssen den Verdacht des unlauteren Wettbewerbs entkräften.

Die Würfel sind gefallen.
The die is cast.

alles auf eine Karte setzen; to put all one's eggs in one basket
Don't put all your eggs in one basket. It's better to have both: low and high risk investments.
Setz nicht alles auf eine Karte. Es ist besser, beides zu haben: Hochrisiko-Anlagen und weniger risikoreiche.

guter/schlechter Verlierer; to be a good/bad sport
Sam is such a bad sport – he really shouldn't deal on the stock exchange.
Sam ist solch ein schlechter Verlierer – er sollte wirklich nicht an der Börse handeln.

den Ball am Laufen halten; to keep the ball rolling
We must keep the ball rolling and go on producing, even if we are experiencing financial problems at the moment.
Wir müssen den Ball am Laufen halten und weiter produzieren, auch wenn wir derzeit finanzielle Schwierigkeiten haben.

sich selbst ins Aus schießen; to shoot oneself in the foot
With his refusal to cooperate on this project he shot himself in the foot.
Mit seiner Weigerung zu kooperieren hat er sich selbst ins Aus geschossen.

Andersherum

to be on the ball; auf Zack sein
The customer service of this company is really on the ball: fast and competent help.
Der Kundenservice dieser Firma ist wirklich auf Zack: schnelle und kompetente Hilfe.

29. Straßen und Wege

Straßen und Wege sind eine wichtige Voraussetzung für Handel und Kontakte – und auch hier wurde die Sprache fündig.

jemanden auf die Straße setzen/werfen; to sack somebody, to give somebody the sack
After 25 years with the company he was sacked without a golden handshake.
Nach 25 Jahren bei der Firma ist er ohne Abfindung auf die Straße gesetzt worden.

auf der Straße sitzen (arbeitslos sein); to be out of work
My brother has been out of work since he was given his notice by the new boss.
Mein Bruder sitzt auf der Straße, seit ihm von seinem neuen Chef gekündigt wurde.

auf die Straße gehen (demonstrieren); to take to the streets
Twenty years ago a lot of people took to the streets in support of the workers' demands for higher wages.
Vor zwanzig Jahren sind viele Leute auf die Straße gegangen, um die Forderung der Arbeiter nach höheren Löhnen zu unterstützen.

einer Sache im Weg stehen; to stand in the way of something
The only thing standing in the way of the company's growth was environmental regulations.
Die einzige Sache, die dem Wachstum der Firma im Weg stand, waren Umweltschutzbestimmungen.

sich selbst im Wege stehen; to be one's own worst enemy*
You are your own worst enemy if you always think so negatively about your own abilities.

Du stehst dir selbst im Wege, wenn du immer so negativ über deine eigenen Fähigkeiten denkst.

neue Wege gehen; to break new ground
If we want to be in the black next year we have to break new ground in many ways.
Wenn wir nächstes Jahr schwarze Zahlen schreiben wollen, müssen wir in vielerlei Hinsicht neue Wege gehen.

den Weg des geringsten Widerstandes gehen/nehmen; to take the path (AE)/line (BE) of least resistance
He took the line of least resistance to avoid arguments with colleagues and superiors.
Er nahm den Weg des geringsten Widerstandes, um Diskussionen mit Kollegen und Vorgesetzten zu vermeiden.

seinen Weg machen; to make one's way in the world
Don't worry about her: She is still young and I am sure she will make her way in the world.
Mach dir um sie keine Sorgen: Sie ist noch jung, und ich bin mir sicher, dass sie ihren Weg machen wird.

jemandem nicht über den Weg trauen; not to trust somebody an inch*
He is a brilliant lawyer, but I don't trust him an inch.
Er ist ein hervorragender Anwalt, aber ich traue ihm nicht über den Weg.

Andersherum

(right) up one's alley (AE)/street (BE); jemandes Fall/Geschmack sein
This new project seems to be right up your street.
Das neue Projekt scheint genau nach deinem Geschmack zu sein.

30. Haus und Möbel

Das Haus, die Hütte oder in Urzeiten die Höhle beeinflussten immer schon das alltägliche Leben des Menschen. Viele Hausgegenstände haben Eingang in die Sprache gefunden.

jemandem ins Haus stehen; to be in store for somebody
When is the next audit in store for us?
Wann steht uns die nächste Buchprüfung ins Haus?

das geht auf's Haus; (a drink) on the house
Have another pint*. It's on the house.
Trink noch ein Pint. Das geht auf's Haus.

sich zu Hause fühlen mit/in; to be/feel at home with
Clara reads a lot and is very informed. She's even at home with such unusual subjects like botany.
Clara liest viel und ist gut informiert. Sie fühlt sich sogar in solch ungewöhnlichen Fachgebieten wie Botanik zu Hause.

seine Hausaufgaben machen; to do one's homework
I expected his talk to be as bad as the last one. But he really did his homework; he was extremely well prepared.
Ich hätte erwartet, dass sein Vortrag so schlecht wie der letzte sein würde. Aber anscheinend hat er seine Hausaufgaben gemacht. Er war sehr gut vorbereitet.

das erste Haus am Platze; the best hotel in the town/shop of its kind
All participants of the conference on plant security stayed in the best hotel in the town.
Alle Teilnehmer der Werkschutz-Konferenz waren im ersten Haus am Platze untergebracht.

in den Keller fallen (Preise); to go through the floor
Prices have gone through the floor.
Die Preise sind in den Keller gefallen.

etwas ist unter Dach und Fach, der Vertrag ist unter Dach und Fach; to be wrapped up, the contract is signed and sealed
Let's raise our glasses! The contract is signed and sealed.
Lassen Sie uns anstoßen! Der Vertrag ist unter Dach und Fach.

einen Besen fressen, wenn ...; to eat one's hat if ...
I'll eat my hat if I'm wrong.
Ich fress' einen Besen, wenn ich Unrecht habe.

jemanden ins Bild setzen; to put someone in the picture
Has Mr. Müller put you in the picture?
Hat Herr Müller Sie ins Bild gesetzt?

etwas aufsaugen wie ein Schwamm; to soak something up like a sponge
The new apprentice is very eager – he soaks Martin's advice up like a sponge.
Der neue Auszubildende ist sehr eifrig – er saugt Martins Ratschläge auf wie ein Schwamm.

Andersherum

to go through the roof; extrem in die Höhe steigen (Preise)
Surprisingly, the prices for corn went through the roof and the farmers earned a fortune.
Überraschenderweise stiegen die Preise für Mais extrem in die Höhe, und die Farmer verdienten ein Vermögen.

31. Werkzeuge

Werkzeuge sind Grundlage vieler alter Berufe und werden nicht nur deshalb auch heute noch in zahlreichen Redensarten benutzt.

den Nagel auf den Kopf treffen; to hit the nail on the head
I believe the manager's talk on cost cutting programs hit the nail on the head.
Ich denke, dass die Rede des Managers über Kostensenkungsprogramme den Nagel auf den Kopf getroffen hat.

Sargnagel sein; to drive someone crazy
He drives me crazy. He keeps calling and complaining.
Er ist mein Sargnagel. Er ruft ständig an und beschwert sich.

Nägel mit Köpfen machen; to make a real job of it
We have talked enough about possibilities. Now it's time to make a real job of it.
Wir haben genug über Möglichkeiten gesprochen. Jetzt ist es Zeit, Nägel mit Köpfen zu machen.

jemandem Daumenschrauben anlegen; to put the screws on/to someone
He put the screws on his boss and threatened with quitting the company.
Er legte seinem Chef die Daumenschrauben an und drohte mit Kündigung.

unter den Hammer kommen; to come under the hammer
After they went bankrupt the entire premises came under the hammer.
Nach ihrem Bankrott ist das gesamte Firmengelände unter den Hammer gekommen.

jemanden/etwas nicht einmal mit der Kneifzange anfassen; not to touch someone/something with a ten foot pole* (AE)/ with a pair of tongs (BE)
If I were you I wouldn't touch these shares with a pair of tongs.
Wenn ich du wäre, würde ich diese Aktien nicht einmal mit der Kneifzange anfassen.

auf Biegen und Brechen; by hook or by crook*
She wants to become an actor by hook or by crook.
Sie will auf Biegen und Brechen Schauspielerin werden.

eine Stimme wie Sandpapier; a voice like sandpaper
After three hours of heated discussion his voice was like sandpaper.
Nach drei Stunden erhitzter Diskussion hatte er eine Stimme wie Sandpapier.

hart wie Beton; as hard as concrete
The rolls in the cafeteria are as hard as concrete.
Die Brötchen in der Cafeteria sind so hart wie Beton.

seine Batterien aufladen; to recharge one's batteries
After two strenuous weeks of working overtime he had to recharge his batteries and took a trip to a remote island.
Nach zwei anstrengenden Wochen mit Überstunden musste er seine Batterien aufladen und flog auf eine einsame Insel.

Andersherum

to be axed; entlassen werden aufgrund von Einsparungen
Thomas will be axed, he'll be sixty in June.
Thomas wird aufgrund von Einsparungen entlassen werden. Er wird im Juni sechzig.

32. Schiffe

Viele Begriffe aus der Seefahrt haben Eingang in die Sprache gefunden – nicht nur in Ländern, die eine Küste haben.

alle Klippen umschiffen; to negotiate every obstacle*
The application process was lengthy. But he negotiated every obstacle and got the job.
Der Bewerbungsprozess zog sich in die Länge, aber er umschiffte alle Klippen und bekam den Job.

Die Ratten verlassen das sinkende Schiff.
The rats are leaving the sinking ship.

mit Mann und Maus untergehen; to go down with all on board
The last thing I heard from that company was that it went down with all on board.
Das Letzte, was ich von der Firma gehört habe, ist, dass sie mit Mann und Maus untergegangen ist.

im selben Boot sitzen; to be in the same boat
They are in the same boat because both are trying to find a new job.
Die beiden sitzen im selben Boot, da beide versuchen, einen neuen Job zu finden.

durch die Prüfung segeln; to flunk (AE)/fail (BE) the exam-(ination)
Unfortunately Dennis failed the examination.
Leider segelte Dennis durch die Prüfung.

gegen den Wind segeln; to sail against the wind
Mary sailed against the wind with her new idea, but in the end it was more successful than those of her competitors.

Mary segelte mit ihrer Idee gegen den Wind, aber letzten Endes war sie erfolgreicher als diejenigen der Mitbewerber.

das Ruder übernehmen; to take the helm
When her father died she had to take the helm and run the business.
Als ihr Vater starb, musste sie das Ruder übernehmen und das Unternehmen leiten.

am Ruder sein; to be at the helm
Mrs. Schuster has been at the helm for 24 years now and doesn't even think of retiring.
Frau Schuster ist jetzt seit 24 Jahren am Ruder und denkt noch nicht einmal daran, sich zurückzuziehen.

Rettungsanker werfen; to throw a life-line
The bank threw a life-line in the form of an interest-free loan to save the company and 2,000 jobs.
Die Bank warf einen Rettungsanker in Form eines zinslosen Kredits, um das Unternehmen und 2000 Arbeitsplätze zu retten.

Andersherum

to rock the boat; für Aufruhr/Unruhe sorgen
No politician likes to rock the boat around election time.
Kein Politiker sorgt gern für Unruhe während des Wahlkampfes.

all shipshape; in bester Ordnung (picobello/tipptopp)
The manager of the cleaning staff announced that the rooms were all shipshape for the guests.
Der Leiter des Reinigungspersonals verkündete, dass die Zimmer alle picobello für die Gäste seien.

33. Waffen

Redewendungen, die verschiedene Waffenarten aufgreifen, sind kulturgeschichtlich interessant, da man oft den Ursprung bestimmen kann.

jemanden mit den eigenen Waffen schlagen; to defeat somebody with his own arguments
The lawyer defeated the prosecutor with his own arguments and finally won the process.
Der Rechtsanwalt schlug den Staatsanwalt mit seinen eigenen Waffen und gewann schließlich den Prozess.

die Waffen streichen; to give up the struggle
Susanne gave up the struggle and agreed with her superior.
Susanne strich die Waffen und stimmte ihrem Vorgesetzten zu.

ein zweischneidiges Schwert; a double-edged/two-edged sword
The new health plan is a double-edged sword: It has so many negative as well as positive effects.
Die neuen Krankenkassenleistungen sind ein zweischneidiges Schwert: Sie haben so viele negative und positive Auswirkungen.

mit Kanonen auf Spatzen schießen; to take a sledgehammer* to crack a nut
Surely, to give her notice because she once used the internet for private purposes during her work hours was taking a sledgehammer to crack a nut.
Ihr zu kündigen, weil sie während der Arbeitszeit das Internet für private Zwecke benutzt hat, war wirklich mit Kanonen auf Spatzen schießen.

die Flinte ins Korn werfen; to throw in the towel/sponge*
When Oliver could stand no more of his boss's bad temper, he threw in the towel and quit his job.
Als Oliver die schlechte Laune seines Chefs nicht mehr ertragen konnte, warf er die Flinte ins Korn und kündigte.

es steht auf Messers Schneide, ob ...; it's touch and go whether ..., to be balanced on a knife-edge
It's touch and go whether we will obtain the much needed credit.
Es steht auf Messers Schneide, ob wir den dringend benötigten Kredit erhalten.

wie aus der Pistole geschossen; like a shot/flash*
His answer to the job offer came like a shot.
Seine Antwort auf das Job-Angebot kam wie aus der Pistole geschossen.

jemandem die Pistole auf die Brust setzen; to hold a pistol to somebody's head
The bank held a pistol to the company's head and claimed its money.
Die Bank setzte dem Unternehmen die Pistole auf die Brust und forderte ihr Geld zurück.

Die Nachricht schlug ein wie eine Bombe.
The news came as a bombshell.

Andersherum

to make a bomb/mint*; ein Vermögen verdienen
Let's work on an oil platform – we'll make a bomb.
Lass' uns auf einer Bohrinsel arbeiten. Dort machen wir ein Vermögen.

34. Tod

Leben und Tod sind sowohl die unbegreiflichsten wie auch elementarsten Ereignisse oder Erfahrungen, die ein Mensch machen kann. Deshalb gibt es viele Redensarten mit diesem Thema.

zu Tode betrübt; to be extremely distressed
He was extremely distressed after sending 25 applications to various companies without hearing anything from them.
Er war zu Tode betrübt, nachdem er 25 Bewerbungen an verschieden Unternehmen geschickt hatte, ohne eine Antwort zu erhalten.

etwas zu Tode reiten; to flog* something to death ⚠
The papers flogged the mine accident in Russia to death showing pictures of the casualties and their families over and over again.
Die Zeitungen ritten das Grubenunglück in Russland zu Tode, indem sie immer und immer wieder Bilder der Verunglückten und ihrer Familien zeigten.

tausend Tode sterben; to die a thousand deaths
At first she died a thousand deaths before every transmission of her new show.
Zuerst starb sie vor jeder Sendung ihrer neuen Show tausend Tode.

eine Leiche im Keller haben; to have a skeleton* in the closet (AE)/cupboard (BE)
If you want to be elected you'd better be Mr. Nice Guy without any skeletons in the cupboard.
Wenn Sie gewählt werden möchten, sollten Sie lieber ein Saubermann ohne jegliche Leichen im Keller sein.

eine todsichere Sache; a dead certainty
Insider trading might be a dead certainty but unfortunately it is illegal.
Insiderhandel mag eine todsichere Sache sein, aber leider ist es illegal.

nur über meine Leiche; over my dead body
He answered "Over my dead body" when his partner suggested selling the company.
Als sein Partner vorschlug, die Firma zu verkaufen, antwortete er: „Nur über meine Leiche."

aussehen wie eine wandelnde Leiche; to look like death warmed up/over ⚠
You look like death warmed up. Stop working and go home.
Du siehst aus wie eine wandelnde Leiche. Hör auf zu arbeiten und geh nach Hause.

über Leichen gehen; to be utterly ruthless*
This broker is very successful but utterly ruthless.
Dieser Broker ist sehr erfolgreich, geht aber über Leichen.

weder Tod noch Teufel fürchten; to fear nothing
Alice feared nothing and went straight into the boss's office and asked for a pay raise.
Alice fürchtete weder Tod noch Teufel und ging direkt in das Büro des Chefs und bat um eine Gehaltserhöhung.

Andersherum

to die down; sich legen, abklingen, nachlassen
I am not sure whether this controversy will ever die down.
Ich bin mir nicht sicher, ob dieser Streit sich jemals legen wird.

35. Zeit

Jeder hat ein unterschiedliches Zeitempfinden, auch wenn objektiv gesehen die Zeit überall gleich schnell vergeht oder andauert.

höchste Zeit; high time
It's high time we finish our meeting. I think we all could do with a break.
Es ist höchste Zeit, dass wir unser Meeting beenden. Ich denke, wir alle könnten eine Pause gebrauchen.

keine Zeit zu verlieren; no time to lose
If we want to meet the deadline we better start. There is no time to lose.
Wenn wir den Termin halten wollen, fangen wir besser an. Es ist keine Zeit zu verlieren.

zur rechten Zeit am rechten Ort sein; to be in the right place at the right time
If you ask him how to be successful he'll answer: Be in the right place at the right time.
Wenn Sie ihn nach seinem Erfolgsrezept fragen, antwortet er: Man muss nur zur rechten Zeit am rechten Ort sein.

jahrein, jahraus (tagein, tagaus); year in, year out (day in, day out)
Year in, year out he gets up at 5 am and goes to work after a cup of coffee.
Jahrein, jahraus steht er um 5:00 Uhr auf und geht nach einer Tasse Kaffee zur Arbeit.

alle Jubeljahre; once in a blue moon
We weren't prepared for such a bank run because it only happens once in a blue moon.

Auf einen derartigen Ansturm auf die Kasse waren wir nicht vorbereitet, da so etwas nur alle Jubeljahre vorkommt.

rund um die Uhr arbeiten; to work round the clock
Last Christmas the dispatch department worked round the clock in order to fill all the orders in time.
Letztes Weihnachten arbeitete die Versandabteilung rund um die Uhr, um alle Aufträge rechtzeitig auszuführen.

die Stunde der Wahrheit; the moment of truth
The moment of truth came when they made a trial run.
Die Stunde der Wahrheit kam beim Probelauf.

auf den Punkt gebracht; to put it in a nutshell*
We are bankrupt – to put it in a nutshell.
Wir sind bankrott – um es auf den Punkt zu bringen.

Andersherum

to take time off; sich freinehmen
She took some time off for a short holiday.
Sie hat sich für einen Kurzurlaub freigenommen.

to make up for lost time; nacharbeiten, den Zeitverlust aufholen
He worked late every night for a week to make up for lost time.
Er arbeitete eine Woche lang bis spät in die Nacht, um den Zeitverlust aufzuholen.

to go/run like clockwork; klappen wie am Schnürchen
When Mr. Hansen is visiting everything has to run like clockwork.
Wenn Herr Hansen zu Besuch ist, muss alles klappen wie am Schnürchen.

36. Himmel und Hölle

Diese Begriffe sind tief in der Glaubenswelt verankert. Seit Menschengedenken finden sie auf verschiedenste Weise Eingang in die Sprache.

aus heiterem Himmel; out of the blue
Unemployment struck him out of the blue.
Die Arbeitslosigkeit traf ihn aus heiterem Himmel.

himmelschreiende Ungerechtigkeit; an injustice that cries (out) to heaven
Working conditions in factories have changed radically within the last century and injustices that cried out to heaven have been put to an end.
Die Arbeitsbedingungen in Fabriken haben sich innerhalb des letzten Jahrhunderts radikal verändert und himmelschreiende Ungerechtigkeiten sind beseitigt worden.

Weiß der Himmel!
Heaven knows!

Himmel und Hölle in Bewegung setzen; to move heaven and earth
He moved heaven and earth to get this job, but now he is rather unhappy with it.
Er hat Himmel und Hölle in Bewegung gesetzt, um diese Stelle zu bekommen, und nun ist er ziemlich unglücklich damit.

Höllenlärm; diabolical* noise
I wish she would stop vacuuming the floor during office hours. This is a diabolical noise.
Ich wünschte sie würde aufhören, während der Bürostunden zu staubsaugen. Das ist ein Höllenlärm.

jemandem das Leben zur Hölle machen; to make somebody's life hell

Monika's boss makes her life hell because he is never satisfied with her work.

Monikas Chef macht ihr das Leben zur Hölle, da er nie mit ihrer Arbeit zufrieden ist.

die Hölle ist los; all hell has broken loose

Don't worry – every year around Christmas time we are this busy. That's when all hell breaks loose.

Keine Sorge. Jedes Jahr in der Vorweihnachtszeit haben wir so viel zu tun. Dann ist die Hölle los.

Himmeldonnerwetter noch mal!

Hells bells! ⚠

zum Teufel damit/mit jemandem; to hell with something/ somebody ⚠

She shouted: "To hell with the new boss! I am leaving."

Sie rief: „Zum Teufel mit dem neuen Chef. Ich gehe."

wie der Teufel; like hell

He worked like hell to meet the deadline after all.

Er hat wie der Teufel gearbeitet, um den Termin doch noch zu halten.

Andersherum

come hell or high water; ganz egal, was passiert

There won't be any mass lay offs, come hell or high water, the board of directors promised.

Es werde keine Massenentlassungen geben, versprach der Vorstand, ganz egal, was passiert.

37. Farben

Werden Farben in Redewendungen benutzt, kann man oft daneben liegen, wenn man sie in die andere Sprache wörtlich überträgt.

ins Schwarze treffen; to hit the mark, to hit/score a bull's eye ⚠
He hit a bull's eye with his analysis.
Er hat mit seiner Analyse voll ins Schwarze getroffen.

für jemanden/etwas schwarz sehen; to be pessimistic about somebody/something
Not everybody is so pessimistic about our chances of winning the contest.
Nicht jeder sieht für unsere Chancen, den Wettbewerb zu gewinnen, so schwarz.

roter Faden; the central theme
I missed the central theme in his talk.
In seinem Vortrag habe ich den roten Faden vermisst.

das ist dasselbe in grün; it makes no real difference
It makes no real difference whether you work eight hours a day or each day nine and get every other Friday off.
Es ist dasselbe in grün, ob du fünf Tage die Woche acht Stunden arbeitest, oder jeden Tag neun und jeden zweiten Freitag frei hast.

sich grün und blau ärgern; to be livid/furious
She was livid when she learned of the boss's decision to send someone else on the training course.
Sie ärgerte sich grün und blau, als sie hörte, dass der Chef sich entschieden hatte, jemand anderen auf den Lehrgang zu schicken.

schwarz auf weiß; in black and white
I've got it in black and white.
Das habe ich schwarz auf weiß.

das schwarze Brett; notice board
I found the number on the notice board in the cafeteria.
Ich habe die Nummer vom schwarzen Brett in der Cafeteria.

das schwarze Schaf sein; to be the black sheep
Carl is the black sheep of the team. He never meets a deadline.
Carl ist das schwarze Schaf im Team. Er hält keinen Termin ein.

in den schwarzen/roten Zahlen; to be in the black/red
This was a very successful year and the company is finally in the black.
Das war ein sehr erfolgreiches Jahr, und die Firma ist endlich in den schwarzen Zahlen.

gelb vor Neid sein; to turn green with envy
When he heard the news of her promotion he turned green with envy.
Als er die Nachricht von ihrer Beförderung erhielt, wurde er gelb vor Neid.

Andersherum

a red herring*; Ablenkungsmanöver
His interview last night was a red herring in my eyes – to take the attention away from the facts.
Sein Interview gestern Abend war in meinen Augen ein Ablenkungsmanöver, um die Aufmerksamkeit von den Fakten abzulenken.

38. Formen und Maße

Viele Länder haben eigene Maßeinheiten, die vor langer Zeit in die jeweilige Sprache eingegangen sind. Oft werden veraltete Einheiten verwendet.

keinen Zoll breit nachgeben; not to give an inch
The negotiations went on for weeks because neither party gave an inch.
Die Verhandlungen zogen sich über Wochen hin, da keine Partei einen Zoll breit nachgab.

ein Meilenstein; a milestone
His invention was a milestone in the development of engineering.
Seine Erfindung war ein Meilenstein in der Entwicklung des Maschinenbaus.

Maßstab; yardstick
He remains a yardstick against which all modern entrepreneurs are measured.
Er bleibt der Maßstab, an dem alle modernen Unternehmer gemessen werden.

die Quadratur des Kreises/Zirkels; the achievement of the impossible, to achieve the impossible
This is only an interim agreement since they want us to achieve the impossible.
Dies ist nur eine vorläufige Einigung, da sie von uns die Quadratur des Kreises verlangen.

der innere Kreis; the inner circle
The inner circle of the company probably knew about the money laundering activities.

Der innere Kreis des Unternehmens wusste vermutlich von der stattfindenden Geldwäsche.

sich im Kreis drehen; to turn/go round in circles
He could not find the solution to the problem. He went round and round in circles for days.
Er konnte die Lösung des Problems nicht finden und drehte sich tagelang im Kreis.

Teufelskreis; a vicious* circle
It's a vicious circle: We didn't have enough money to pay the advertising agency. Without advertising our products didn't sell and we have less money to pay our debts.
Es ist ein Teufelskreis: Wir hatten nicht genug Geld, um die Werbeagentur zu bezahlen. Ohne Werbung verkauften sich unsere Produkte nicht, und wir haben noch weniger Geld, unsere Schulden zu begleichen.

meilenweit verfehlen; miss by a mile
His judgement of the situation missed the facts by a mile.
Seine Einschätzung der Situation verfehlte die Fakten meilenweit.

über den Daumen gepeilt; at a rough estimate*
At a rough estimate we are expecting a growth rate of 4 %.
Über den Daumen gepeilt erwarten wir eine Zuwachsrate von 4 %.

Andersherum

for good measure*; zusätzlich, sicherheitshalber
For good measure, some samples of next year's collection were shipped with the order.
Zusätzlich lagen der Bestellung noch einige Muster der nächstjährigen Kollektion bei.

39. Sprichwörter

Wer gekonnt Sprichwörter in seine Rede einstreut, wirkt amüsant und geistreich. Sie können eine Situation genau auf den Punkt bringen.

The cobbler should stick to his last.
Schuster, bleib bei deinem Leisten.

Take care of the pennies and the pounds will look after themselves.
Wer den Pfennig nicht ehrt, ist des Talers nicht wert.

Sow the wind and reap the whirlwind.
Wer Wind sät, wird Sturm ernten.

Constant dropping wears away the stone.
Steter Tropfen höhlt den Stein.

A bird in the hand is worth two in the bush.
Der Spatz in der Hand ist besser als die Taube auf dem Dach.

Never put off to tomorrow what you can do today.
Was du heute kannst besorgen, das verschiebe nicht auf morgen.

Don't count your chickens before they are hatched.
Du sollst den Tag nicht vor dem Abend loben.

Anyone can have a stroke of luck once in a while.
Ein blindes Huhn findet auch mal ein Korn.

The early bird catches the worm.
Morgenstund hat Gold im Mund.

Many a mickle makes a muckle.
Little and often fills the purse.
Kleinvieh macht auch Mist.

Better late than never.
Besser spät als nie.

When the cat is away the mice will play.
Ist die Katze aus dem Haus, tanzen die Mäuse.

All that glitters is not gold.
Es ist nicht alles Gold was glänzt.

Take care that you are not hoist* on your own petard*.
Wer anderen eine Grube gräbt, fällt selbst hinein.

He who laughs last, laughs longest.
Wer zuletzt lacht, lacht am besten.

Never look a gift-horse in the mouth.
Einem geschenkten Gaul schaut man nicht ins Maul.

Practice makes perfect.
Übung macht den Meister.

We all have to start at the bottom of the ladder.
Lehrjahre sind keine Herrenjahre.

A new broom sweeps clean.
Neue Besen kehren gut.

Strike while the iron is hot.
Schmiede das Eisen, solange es heiß ist.

If you scratch my back, I'll scratch yours.
Eine Hand wäscht die andere.

Beggars* can't be choosers.
In der Not frisst der Teufel Fliegen.

Brevity is the soul of wit.
In der Kürze liegt die Würze.

You must either sink or swim.
Wasser hat keine Balken.

40. Zitate und Aphorismen

Zitate sind Sprüche, die von international bekannten Köpfen stammen. Sie regen zum Schmunzeln an, obwohl oder gerade weil sie stets ein Körnchen Wahrheit enthalten.

A dinner lubricates business. (Lord William Stowell)
Ein Abendessen schmiert das Geschäft.

The great thing about a computer notebook is that no matter how much you stuff into it, it doesn't get bigger or heavier. (Bill Gates)
Die tolle Sache an einem Computer-Notebook ist, dass egal wie viel man hineinstopft, es weder größer noch schwerer wird.

The secret to creativity is knowing how to hide your sources. (Albert Einstein)
Das Geheimnis der Kreativität ist zu wissen, wie man seine Quellen versteckt.

An economist is an expert who will know tomorrow why the things he predicted yesterday didn't happen today. (Laurence J. Peter)
Ein Ökonom ist ein Experte, der morgen weiß warum die Dinge, die er gestern vorhergesagt hat, heute nicht passiert sind.

Experience teaches only the teachable. (Aldous Huxley)
Erfahrung lehrt nur die Gelehrigen.

Act as if it were impossible to fail. (Dorothea Brande)
Handle, als ob ein Scheitern unmöglich sei.

At times one remains faithful to a cause only because its opponents do not cease to be insipid. (Friedrich Nietzsche)
Manchmal bleibt man nur einer Sache treu, weil die Gegner so unglaublich langweilig sind.

Good manners will open doors that the best education cannot. (Clarence Thomas)
Gute Manieren öffnen Türen, die der besten Erziehung verschlossen bleiben.

Happiness is having a large, loving, caring, close-knit family in another city. (George Burns)
Glück ist, eine große, liebende, sorgende, eng verbundene Familie in einer anderen Stadt zu haben.

Happiness is nothing more than good health and a bad memory. (Albert Schweitzer)
Glück ist nichts anderes als gute Gesundheit und ein schlechtes Gedächtnis.

Nearly all men can stand adversity, but if you want to test a man's character, give him power. (Abraham Lincoln)
Fast jeder kann Widrigkeiten überstehen, aber der wahre Charakter zeigt sich, wenn man jemandem Macht gibt.

When a man tells you that he got rich through hard work, ask him: "Whose?" (Don Marquis)
Wenn dir jemand erzählt, dass er durch harte Arbeit reich geworden ist, frage ihn: „Durch wessen?"

Hard work never killed anybody, but why take a chance? (Edgar Bergen)
Harte Arbeit hat noch niemandem geschadet, aber warum ein Risiko eingehen?

41. Kalendersprüche und Bauernregeln

Bauern- und Wetterregeln basieren auf Jahrhunderte langer Erfahrung und Naturbeobachtung. Da das Wetter keine Grenzen kennt, gibt es in vielen Sprachen ähnliche Regeln. So auch in der deutschen und englischen Sprache, die hier die Grundlage für die nachfolgenden Beispiele bildet.

Red sky at night, sailor's delight;
Red sky at morning, sailor take warning.
Abendrot macht's Wetter gut,
Morgenrot Schlechtwetter droht.

Lightning strikes more trees than blades of grass.
Ein Blitz trifft mehr Bäume als Grashalme.

If there's a ring around the man in the moon,
you will not be spared by rain soon.
Hat einen Hof der Mann im Mond,
bleibst du von Regen nicht verschont.

New Year's Eve bright and clear,
will bring a good year.
Ist Silvester kalt und klar,
wird's ein gutes Jahr.

Like December, like spring.
Wie der Dezember, so der Lenz.

The farmer sleeps and the devil sows weeds.
Wenn der Bauer schläft, sät der Teufel Unkraut.

One swallow does not make a summer.
Eine Schwalbe macht noch keinen Sommer.

Is the morning overcast – the clouds won't last.
Verhangener Morgen – ein sonniger Tag.

Travel to town the voles,
buy firewood and coals.
Wandert die Feldmaus ins Dorf,
besorg dir Feuerholz und Torf.

Eat what is done and drink what's clear.
Iss, was gar ist und trink, was klar ist.

A good neighbour is better than a brother abroad.
Ein guter Nachbar ist besser als ein Bruder in der Fremde.

Still waters run deep.
Stille Wasser sind tief.

A big wife and a big barn,
will never do a man harm.
Sind Frau und Scheune kräftig,
freut sich der Bauer heftig.

An apple a day keeps the doctor away.
Ein Apfel am Tag, mit dem Doktor kein' Plag.

By candlelight* every country wench* is handsome.
Nachts sind alle Katzen grau.

Woodpeckers and red wildflowers
are springs harbingers.
Spechte und von Wildblumen die roten
sind Frühlingsboten.

42. Phrasal Verbs von A–Z

Phrasal verbs, die im Deutschen „mehrgliedrige Verben" heißen, bestehen aus einem Verb plus einem Adverb oder einer Präposition oder beidem. Dadurch erhält das Verb eine neue Bedeutung.

- A -

to account for – Rechenschaft ablegen, erklären
to add up to something – etwas ergeben, sich summieren
to allow for – einkalkulieren, berücksichtigen

- B -

to back up – belegen, bestätigen
to branch out on one's own – sich selbstständig machen
to brush aside – beiseite schieben, vom Tisch wischen

- C -

to cash in on something – von etwas profitieren
to churn out something – massenweise produzieren
to come on to – (zu sprechen) kommen auf

- D -

to deal in – handeln mit
to dissociate from – sich distanzieren/trennen von etwas/jemandem
to drop by – vorbeikommen, bei jemandem reinschauen

- E -

to elaborate on something – etwas näher ausführen, erklären
to engage in – sich mit etwas beschäftigen
to explain away – eine plausible Erklärung finden für

- F -

to fasten on to something – sich konzentrieren auf
to fish for – auf etwas aus sein, angeln
to fizzle out – im Sande verlaufen, sich legen

- G -

to get ahead – vorankommen
to get together – zusammenkommen
to go back over – noch einmal durchgehen/durchsehen

- H -

to help out – aushelfen
to hit off – sich gut verstehen
to hold forth on/about – sich über etwas auslassen

- I -

to improve on/upon – überbieten, verbessern
to impinge (up) on something – auf etwas Einfluss nehmen
to iron out – ausbügeln, beseitigen

- J -

to join in – sich beteiligen, teilnehmen
to jot down – aufschreiben, notieren
to jump at – sich auf etwas stürzen *(fig)*

- K -

to keep at – weitermachen mit, jemandem zusetzen
to keep on at somebody about something – jemandem in den Ohren liegen mit
to know about – etwas wissen über, über etwas Bescheid wissen

- L -

to lay into somebody – (auf) jemanden losgehen/zusammenstauchen

to lay something before someone – jemandem etwas darlegen, unterbreiten
to look into – etwas untersuchen, prüfen

- M -

to mark down – auswählen, Preis herabsetzen
to match up to something – einer Sache entsprechen
to mix up – verwechseln, durcheinander bringen

- N -

to narrow down to – sich beschränken/reduzieren auf
to notch up something – erreichen, erringen
to note down – sich notieren, aufschreiben

- O -

to object to something – Einwand erheben, protestieren
to open out – auseinander falten
to opt for – etwas (aus-)wählen, sich für etwas entscheiden

- P -

to paper over something – übergehen
to pay off – sich bezahlt machen
to preside over – leiten, vorstehen

- Q -

to quarrel with someone – diskutieren mit, streiten über
to quicken (something) up – beschleunigen, schneller machen

- R -

to reckon in – (mit) einrechnen
to report back to – Bericht erstatten, Rückmeldung geben

- S -

to screw up – vermasseln, etwas verderben
to sell up – (alles) verkaufen
to send in – etwas einreichen, einsenden

- T -

to talk through something – etwas durchsprechen
to think out – durchdenken, sich ausdenken
to tool up – (mit Werkzeugen) ausrüsten, ausstatten

- U -

to urge on – vorantreiben, anfeuern
to use up something – aufbrauchen, erschöpfen
to usher in – einleiten, in Gang bringen

- V -

to varnish over – beschönigen, übertünchen
to vouch for – garantieren für

- W -

to wave aside – etwas abtun, abwinken
to weed out – aussieben
to win over – auf seine Seite bringen

- X -

to x out (cross out) – aus-x-en, durchstreichen

- Y -

to yield to – sich beugen
to yield up – enthüllen, hervorbringen

- Z -

to zero in on (a problem) – sich auf etwas konzentrieren, einschießen

43. Kleine Vokabelhilfe

bargain – Kauf/Geschäft, Schnäppchen; handeln
(to) bark – bellen
barrelhead – Fassboden
beggar – Bettler
bluntly – offen, freimütig
brass – Messing, Blech
(to) brew – brauen, zusammenbrauen
buck – Dollar
candlelight – Kerzenschein
chalk – Kreide
chestnut – Kastanie
chin – Kinn
circumstances – Umstände
crook – Haken
deaf – taub
diabolical – teuflisch
diaper – Windel
dime – Zehncentstück
dozen – Dutzend
draw – Ziehung; Unentschieden
(to) embezzle – unterschlagen, veruntreuen
enemy – Feind
estimate – Schätzung
flash – Blitz; aufleuchten
(to) flog – (aus)peitschen, verprügeln; *sl* verschachern
glove – Handschuh
grapevine – Weinstock, Rebe; *fig* Flüsterpropaganda, Gerücht
heed – Aufmerksamkeit; beachten
herring – Hering
hint – Hinweis

(to) hoist – auf-, hochziehen, -winden
inch – Zoll ($^1/_{12}$ Fuß = 2,54 cm)
infancy – (frühe) Kindheit, Säuglingsalter
leaf – Blatt
loophole – Guckloch, Sehschlitz; *fig* Ausweg
marine – Marine; Matrose
measure – Maß, messen
mint – Münz(stätt)e; *fig* unerschöpfliche Quelle; *fam* gewaltige Menge
molehill – Maulwurfshügel
mule – Maulesel, Maultier
nettle – Nessel
nutshell – Nussschale
obstacle – Hindernis
petard – Sprengmörser; Knallfrosch
pint – Pint-Glas ($^1/_8$ Gallone; BE 0,568 l, AE 0,473 l)
plate – Teller, Platte, Tafel, Scheibe
poke – veraltet Beutel, Sack, Tasche
pole – Stange, Stab, Pfahl
putty – Kitt
ruthless – rücksichtslos
(to be) saddled – gesattelt (sein)
skeleton – Skelett
sledgehammer – Vorschlaghammer
sleeve – Ärmel
spade – Spaten; *pl* (Kartenspiel) Pik
sponge – Schwamm
stake – Pfahl; Einsatz
stroke – Schlag, Hieb, Stoß
syllable – Silbe
tenterhooks – Spannhaken
vicious – bösartig, gemein; lasterhaft, verdorben
wench – (Bauern-)Mädchen, Mädel
willies – Kribbeligkeit, Nervosität

44. Bücher und Web-Adressen, die weiterhelfen

Collins Cobuild English Dictionary for Advanced Learners, Harper Collins Publishers 2001
Ein umfangreiches einsprachiges Wörterbuch mit vielen Beispielsätzen zur Verwendung, Hinweisen zu AE und BE und zur Grammatik.

Beran, Margret: *Hitting the nail on the head. 3000 Redensarten Deutsch-Englisch*, Hueber Lernmaterialien 2002
Englische Idiome werden anhand von jeweils ein bis zwei Anwendungsbeispielen erläutert. Die deutschen Redewendungen werden alphabetisch nach dem deutschen Stichwort aufgelistet.

Sprachführer Business English. Wortschatz und Redewendungen für Meetings und Geschäftsreisen, Langenscheidt 2002
Die Redewendungen sind nach 14 Themengruppen und Situationen sortiert, mit zweisprachigem Wörterverzeichnis.

Speake, Jennifer: *The Oxford Dictionary of Idioms*, Oxford University Press 2002
Alphabetisch geordnetes, einsprachiges Verzeichnis von über 5000 Idiomen, Metaphern und Sprichwörtern. Die einzelnen Einträge werden entweder erklärt oder anhand von Zitaten belegt.

Humphrey, Richard: *Uni-Wissen. English Idioms for University*, Klett 2000
Buch zum Selbststudium, das sich in zwei Teile gliedert: thematisch geordnete Redewendungen und verschiedene Übungen plus Lösungsteil.

Spears, Richard A.: *NTC's Thematic Dictionary of American Idioms. Essential Idioms Arranged According to Topic*, NTC Publishing Group 1999
Ein einsprachiges Nachschlagewerk, bei dem die Redewendungen thematisch angeordnet sind. Im alphabetisch angelegten Index kann man entweder nach bekannten Wendungen suchen oder einfach stöbern.

www.leo.org
Gutes und kostenfreies Online-Wörterbuch mit fast 400 000 Einträgen, bei dem entweder ein englisches oder deutsches Wort eingegeben werden kann. Sämtliche Wendungen mit jeweiliger Übersetzung werden angeboten.

www.merriam-webster.com
Umfangreiches und kostenloses Englisch-Englisches Online-Dictionary des amerikanischen Lexikon- und Wörterbuchverlags. Erklärung und Beispiele zu den einzelnen Einträgen (auch den Idioms), Datierung und Aussprachehilfen.

www.eslcafe.com/idioms
Hilfreiche englische Seite mit Redewendungen sowie Erklärungen und Anwendungsbeispielen.

www.quoteland.com
Suchen Sie ein Zitat zu einem bestimmten Thema oder eines bestimmten Autors für eine besondere Gelegenheit? Dann sind Sie hier richtig (mit Diskussionsforum für User).

www.manythings.org/proverbs
Auf dieser kurzweiligen Seite gibt es mehr als 230 gebräuchliche englische Sprichwörter und Redensarten. Wer Spaß am Knobeln hat oder sich und sein Wissen testen möchte, kann die Sprichwörter auch als Lückentext bearbeiten.

Englische Redensarten

Bei einem Geschäftstreffen möchten Sie Ihrem englischsprachigen Gegenüber mitteilen, dass man sofort „Nägel mit Köpfen" machen könne und Sie schon „die Ärmel hochkrempeln" – doch wie lauten diese Redewendungen auf Englisch?

Dieser Kompass bietet in kompakter Form alle wichtigen englischen Redensarten und Redewendungen, jeweils veranschaulicht durch berufsbezogene Beispielsätze mit deutscher Übersetzung. Die besonders benutzerfreundliche Sortierung nach Schlüsselwörtern ermöglicht es Ihnen, blitzschnell jede gesuchte Redensart zu finden. So werden Sie beruflich und privat stets souverän „ins Schwarze" treffen.

→ **Praktische Sortierung nach Schlüsselwörtern**

→ Mit berufsbezogenen Beispielsätzen

→ Ein Icon warnt vor zu salopen Ausdrücken

Ikone

→ Britisches und amerikanisches Englisch berücksichtigt

6,90 €[D]

ISBN 3-7742-6467-8

9 783774 264670